CD-ROM付き

子どもの育ちを伝える

保育所児童保育要録の書き方＆文例集

第２版

横山洋子 編著

ナツメ社

はじめに

その子への思いを要録へ

卒園が近づくと、クラスの子どもたちの成長をひしひしと感じ、残りの日々を愛おしむような気持ちで過ごすでしょう。保育者にとって仕事のやりがいを感じられる充実したときです。一方で、要録を書くという仕事があることは、ため息をつきたくなるほどおっくうな難題かもしれません。とてつもなく時間がかかり、書いても修正で戻ってきてしまう…。

でも、やらなければならないことなら、嫌々するのではなく楽しみたいもの。一人一人の子どものために心を尽くしてきた

ことを、ラブレターのように思いを込めて書きましょう。

本書では、新しい要録の様式と考え方に対応し、どのような文や書き方で記述すれば、読み手に具体的に伝わるのかという点に力を入れています。まずは子どもの姿を「生活」「遊び」「友達」「興味」という目で見える形で捉え、それが5領域のどの「ねらい」に関連するのかを考えます。

さらに「幼児期の終わりまでに育ってほしい姿」に照らし、どの姿に近いのかを見ていきます。読み手がイメージできるように、具体的な場面での言動を示し、それを保育者がどのように捉え、どのように援助したのかも詳しく書きます。医者が患者を診察し治療方針を立てるのと同様です。要録はカルテの役割を果たし、次の担任の指導に役立つわけです。

書くことに苦手意識をもつ方も、本書の文例をパラパラとめくってみてください。「クラスの子にそっくり…」が、たくさん見つかるでしょう。本書を利用して、卒園前に心地よい達成感と充実感を味わえるように心から願っております。

横山洋子

目次

第3章 「10の姿」キーワード・文例 …… 39

第4章 「保育に関する記録」文例 …… 63

こっちだよ

第5章 5領域別文例 …… 91

＊「幼児期の終わりまでに育ってほしい姿」（10の姿）の項目は、「健康な心と体」：健康、「自立心」：自立、「協同性」：協同、「道徳性・規範意識の芽生え」：規範、「社会生活との関わり」：社会、「思考力の芽生え」：思考、「自然との関わり・生命尊重」：自然、「数量や図形、標識や文字などへの関心・感覚」：数・字、「言葉による伝え合い」：言葉、「豊かな感性と表現」：表現　で表しています。

＊CD-ROMに「CD-ROM 使い方の手順」、「保育所保育指針」のPDFも収録しています。

文例ページの見方

幼児期の終わりまでに育ってほしい姿「10の姿」の文例

➡42～61ページ

❶ 保育所保育指針 第1章　総則　4より記載

「幼児期の終わりまでに育ってほしい姿」の法令文を保育所保育指針より掲載しています。

❷「10の姿」をキーワードで掲載

「10の姿」をキーワードに分けて掲載。「健康な心と体」では、【充実感をもって活動する】【自分のやりたいことに向かう】【心を十分に働かせる】など。

❸ 対応する文例を紹介

「10の姿」の各キーワードに対応する、具体的な文例を120本掲載。当てはまる文例を見つけたら、参考にしながら要録にまとめます。

❹ CD-ROMで パソコン作業が簡単に

本書はCD-ROM付き。文例のデータを収録しているフォルダ名は各ページに表記しています。必要な文例を見つけたらフォルダ名から探してください。

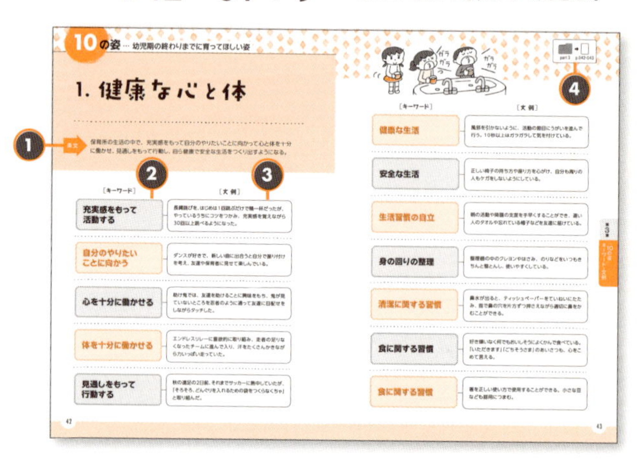

「保育に関する記録」文例

➡64～90ページ

❶ 子どもの姿を書きやすい 4項目に分けて掲載

文例を「生活への取り組み」「遊びの傾向」「友達との関係」「興味・関心」の4項目に分けて紹介。子どもの育ちを書きやすい分類にしています。

❷ 5領域の表示

「健康」「人間関係」「環境」「言葉」「表現」のうち該当する領域に色付けしています。

❸ 幼児期の終わりまでに 育ってほしい姿の表示

各文例から読み取れる「10の姿」を、分かりやすく該当箇所に色付けしています。

❹ 139本の文例を掲載

139本を紹介しています。クラスの子どもの姿に見合った文例を見つけ、要録に記入していきます。必要な箇所には解説も付いています。

5領域別文例

➡92～122ページ

❶ 5領域に分けて掲載

「健康」「人間関係」「環境」「言葉」「表現」の5つに分けて載せています。

❷ カテゴリーに分類

各領域の文例は、分かりやすく項目に分けて掲載しています。文例を探す際の目安にしてください。

❸ 具体的な子どもの文例

5領域別の文例は、239本を掲載しています。子どもに当てはまる文例があったら参考にして書きます。

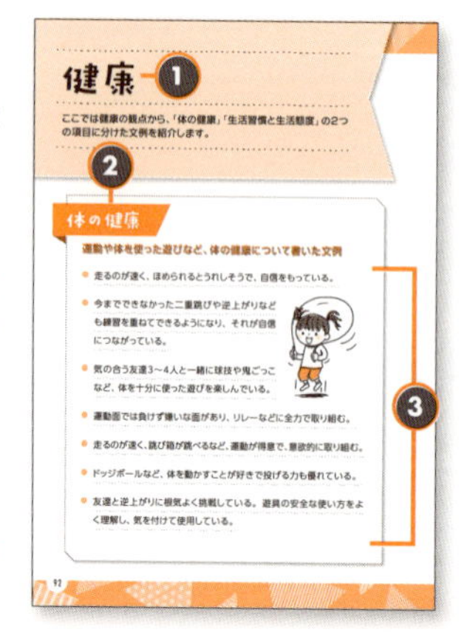

第1章

保育要録を書く前に

\ 要領・指針改訂 /

小学校教育へスムーズにつなげるために

時間割に基づき、各教科の内容を教科書などの教材を用いて学習する小学校。
子どもの生活や教育方法が変化しても、
育てる「資質・能力」は幼児期からつながっています。

「資質・能力」の3つの柱が18歳まで一本化に

保育所保育指針 第2章には以下のような記載があります。

「保育所保育において育まれた資質・能力を踏まえ、小学校教育が円滑に行われるよう、小学校教師との意見交換や合同の研究の機会などを設け（略）『幼児期の終わりまでに育ってほしい姿』を共有するなど連携を図り、保育所保育と小学校教育との円滑な接続を図るよう努めること。」

保育園と小学校が円滑に接続するためには、保育者が小学校1年生の生活を理解していること、小学校1年生の担任教諭が5歳児の生活を理解していることが望まれます。お互いに参観しながら、情報交換ができる環境をつくりましょう。

今回の改訂では、小学校以降の教育につながる3つの「資質・能力」について、すでに幼児期において、その基礎が育っているという考えに基づき、18歳まで一本化されることになりました。それにより、子どもの育ちを読み取る際に使われる言葉も共通になってくるでしょう。「これは、学びに向かう力だね」という発言に

対して、多くの教員が自分の中の「学びに向かう力」のイメージに照らしてうなずいたり、さらに細分化して語ったりということができるようになるのです。幼児教育は分かりにくいと小学校以上の教員に思われていましたが、これからはしっかりと具体的な言葉で育ちを語ったり書いたりすることで、スムーズな接続に寄与できるはずです。

私たちは、保育園卒園まで子どもを育てればよいのではなく、その子の長い人生を見据えて、幼児期の今をどのように過ごすことが幸せなのかを考えなくてはなりません。目の前の子どもの5年先、10年先の姿を思い浮かべながら、今、経験しなければならないことは何なのか探る必要があり、それを小学校の教員へも伝える義務があるのです。

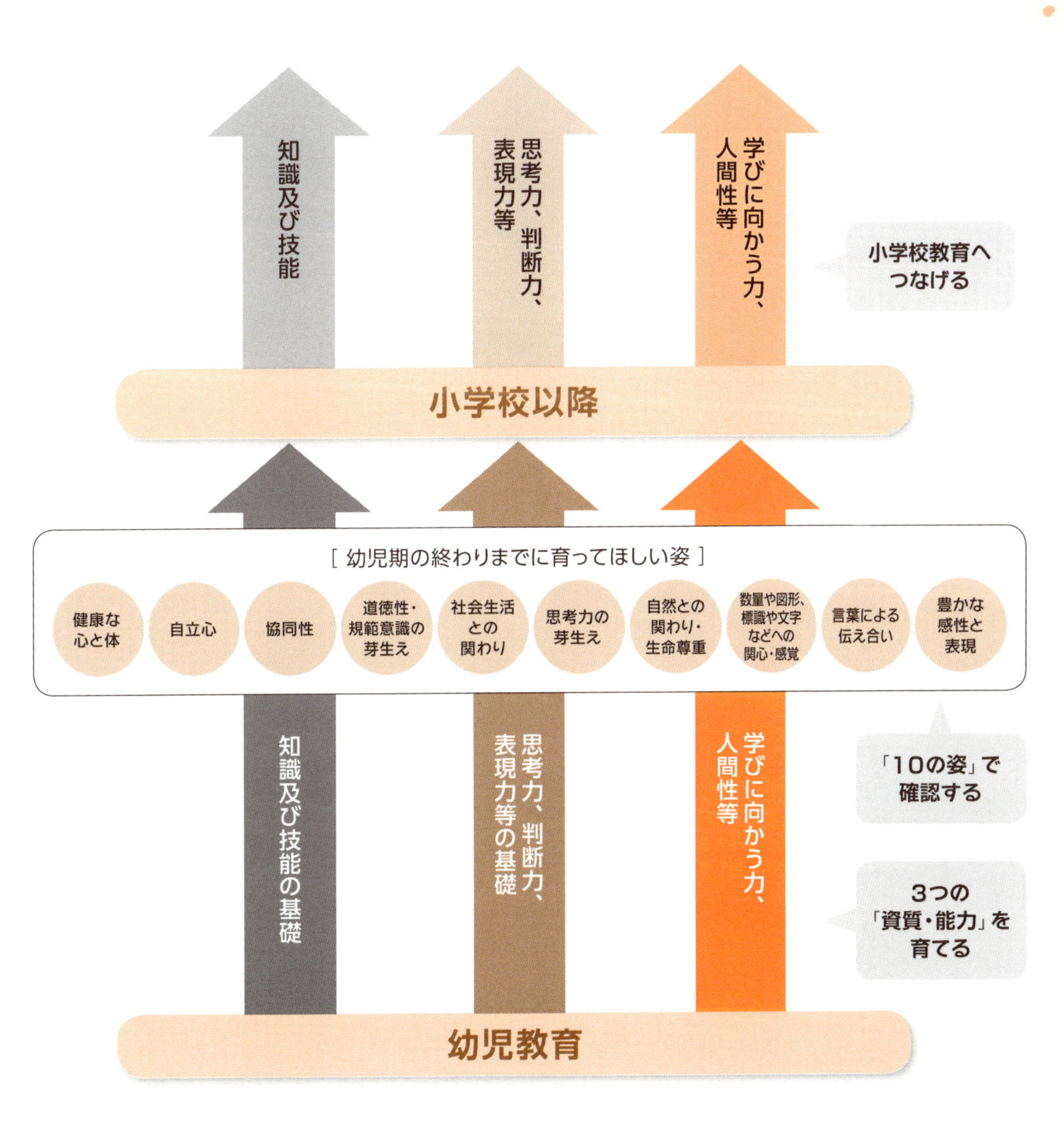

「10の姿」で幼児教育と小学校教育をつなぐ

5領域の「ねらい」及び「内容」に基づく活動全体を通して、3つの「資質・能力」が育まれます。その中で5歳児後半に育まれてくる姿を10にまとめたものが「幼児期の終わりまでに育ってほしい姿」です。

これは、園を修了した時点での具体的な姿として描かれています。ですから、保育者は指導する際に、たとえば「自立心の姿に近づいてきているな」と意識して捉えることができます。育ちの方向性を示しているものなので、幼児期に完成するわけではありません。小学校へ入学し、スタートカリキュラムが始まり、徐々に教科等の授業へ移行する際に、それらの姿のもとで培った力が発揮され、適応しながら意欲的に取り組む姿につながっていきます。これら「10の姿」は、5歳後半になっていきなり表れるものではありません。ささやかだけれど確かな経験の積み重ねが必要なのです。

＊ 幼児期の終わりまでに育ってほしい 10の姿 ＊

健康な心と体

やりたいことに向かって心と体を十分に働かせ、自ら健康で安全な生活をつくり出す。

[保育の場面] 転がしドッジボールに自ら加わり、思いきり体を動かして楽しむ。ボールをよけて転び、ひざに血がにじむと、「手当てしてもらう」と言って、ひざを流水で洗ってから職員室へ行った。

自立心

自分で行うために考え工夫し、やり遂げることで達成感を味わい、自信をもって行動する。

[保育の場面] 砂山にトンネルを掘る。途中、山が崩れてもあきらめず、「そうだ、水をかけて硬くしよう」と言ってじょうろを使う。トンネルが貫通すると「やったー!」と満面の笑みで叫んだ。

協同性

友達と思いや考えを共有し、共通の目的に向けて協力し、充実感をもってやり遂げる。

[保育の場面] 3人でペープサートを始める。「私はタヌキとウサギをやるね」と役割を決めた。中で歌を入れることも相談した。お客さんを呼んで演じ切り、3人で顔を見合わせて笑った。

道徳性・規範意識の芽生え

自分の行動を振り返り、気持ちを調整し、友達と折り合いを付ける。きまりをつくり、守る。

[保育の場面] おうちごっこで、お母さん役をしたい子が2人いた。自分もやりたかったが昨日やったことを思い出し、「いつもやっていないAちゃんにさせてあげようよ」と提案した。

社会生活との関わり

役に立つ喜びを感じ、地域に親しみをもつ。必要な情報を取り入れ、判断し伝え合う。

[保育の場面] 近くの公園へドングリ拾いに出かける。道で出会う地域の人に「こんにちは」と元気にあいさつする。途中、落ちていた空き缶を進んで拾い、「きれいな町にしよう」と言い合う。

思考力の芽生え

物の性質や仕組みを感じ取り、多様に関わる。異なる考えに気付き、よりよい考えを生み出す。

[保育の場面] 紙でつくった魚にクリップを付け、磁石を付けた竿で釣ることを楽しむ。クリップは磁石にくっつくことを実感する。「クリップ2個ならもっと釣れる?」という友達の意見にうなずき、試してみる。

自然との関わり・生命尊重

自然への愛情や畏敬の念をもつ。身近な動植物を命あるものとして大切に関わる。

[保育の場面] 保育者が抱っこしているウサギに、こわごわ触ってみる。「フワフワ」と言いながらなでる。「ここ、あったかいよ」と言われ手をずらすと、ウサギの体温を感じ、びっくりして保育者を見た。

数量や図形、標識や文字などへの関心・感覚

数量や図形、標識や文字などに親しむ。それらの役割に気付き、活用し、興味や関心をもつ。

[保育の場面] パズルに積極的に取り組み、三角を二つ合わせると真四角になることに気付く。近くにいる友達に「見ててね」と見せ、「ほら、こうするとうまくはまるよ」とうれしそうに教える。

言葉による伝え合い

絵本や物語に親しみ、豊かな言葉や表現を身に付け、相手の話を聞き、伝え合いを楽しむ。

[保育の場面] 引っ張る動きをする子を見て、「大きなカブのまねだ」と言い、「私は、ネズミになる」「ぼくは、ゾウになる」と加わる。「重そうにやってね」と言われ、「うーんとこしょ」と大げさに動作し、笑い合う。

豊かな感性と表現

様々な素材の特徴や表現の仕方に気付き、表現する喜びを味わい、意欲をもつ。

[保育の場面] 段ボール箱をつなげて電車をつくる。セロハンテープを持ってきた友達に、「ガムテープのほうが強いよ」と伝える。「ライトをつくるにはアルミホイルがいい」と提案し、取りかかる。

＼知っておきたい／

保育要録を作成する意義

保育要録は、保育所保育の集大成ともいえる大切な資料です。
「小学校へ送る書類」という役割だけでなく、
園の教育活動の中で、保育者にとっても重要な書類であることを認識しなければなりません。

＊ 園全体として（公文書の役割） ＊

1 子ども一人一人の在籍を証明するもの

「この子どもが確かにこの園で保育を受けていた」と証明するものです。在園期間も明記します。「入所に関する記録」は5年間、園で保存しなければなりません。外部への証明などを作成する場合、目的に応じて必要な事項だけを記載します。

2 子どもの発達の過程を記すもの

「保育に関する記録」は5領域や「10の姿」を念頭に記入をします。指導の過程と結果、保育者の願い等も記入されているので、病院におけるカルテの役割を果たしています。「保育に関する記録」はその子どもが小学校を卒業するまで、園で保存します。

3 小学校へ渡す「引き継ぎ資料」

小学校に入学した際、保育園の担任が、その子の何を育てるためにどのような指導をしてきたかということは、新たにその子の指導を考えていくうえでの大切な資料となります。その子のそれまでの育ちや経験を踏まえ、継続した指導を行うこともできますし、子どもの反応を予測する際も役立ちます。

＊ 保育者として（自分の保育を振り返るきっかけ）＊

1 1年間の子どもの育ちを捉え直すもの

年度当初の姿と比べ、その子のどの面が育ったかを考えます。「この時期にこの面が伸びた」「あの出来事をきっかけに友達関係が変わった」など、一人一人の子どもについて育ちを捉え直し、その子の成長を実感することができます。

2 自分の保育を見直すもの

子どもは勝手に成長しているわけではありません。保育者の意図した環境や援助が、子どもに影響を与えているものです。私はその子に何を願って、何に気を付けて保育してきただろうかとしっかり見据え、効果が弱いならば、これからどうしていかなければならないかを考えるためのきっかけとします。自分の保育のよさや、さらに努力が必要な点を見いだすのです。

3 保育者として成長させてくれるもの

初めて書く際は、何をどう書けばよいか分からず苦労するかもしれませんが、経験を重ねるうちに、これをぜひ書かなくては、と思うことが増えていくでしょう。子どもの姿を想起しながら、もっとこのような援助をすればよかったと反省することも多いものです。このような過程を繰り返すことによって、さらに「10の姿」を見据えた援助ができる保育者へと成長できるのです。

4 楽しんで能動的に書きたいもの

保育要録は5歳児担任の年度末に書かないといけませんが、「書かされるもの」ではなく、子どもの成長を確認するチャンスと捉え、「書きたいもの」にすることが理想です。こんなに子どもたちの育ちが見られてうれしいというように、喜びに満ちた気持ちで楽しく書きたいものです。

在籍を証明する書類

「入所に関する記録」の記入のしかた

子どもが園に在籍したことを証明するための「入所に関する記録」。
住所や園名など、変更した場合に備えて、欄の下部に余白をとって記入します。

入所に関する記録〈様式例〉

(出典：厚生労働省ホームページ)

保育所児童保育要録（入所に関する記録）

<table>
<tr><td rowspan="3">A 児童</td><td>ふりがな
氏名</td><td>なつ め あき こ
夏目明子</td><td rowspan="2">性別</td><td rowspan="2">女</td></tr>
<tr><td></td><td>平成28年　6月　1日生</td></tr>
<tr><td>現住所</td><td colspan="3">東京都世田谷区泉町123−2</td></tr>
<tr><td rowspan="2">保護者</td><td>ふりがな
氏名</td><td colspan="3">なつ め しん いち ろう
夏目信一郎</td></tr>
<tr><td>現住所</td><td colspan="3">児童の欄に同じ</td></tr>
<tr><td>入所</td><td colspan="2">B 平成29年　6月　20日</td><td>卒所</td><td>C 年　月　日</td></tr>
<tr><td>就学先</td><td colspan="4">D 東京都世田谷区立第一小学校
東京都世田谷区泉町135−4</td></tr>
<tr><td>保育所名及び所在地</td><td colspan="4">E 東京都世田谷区立ナツメ保育園
東京都世田谷区泉町200</td></tr>
<tr><td>F 施設長氏名</td><td colspan="4">山田広子 印</td></tr>
<tr><td>担当保育士氏名</td><td colspan="4">佐藤友子 印</td></tr>
</table>

＊ 各欄の書き方 ＊

A 児童／保護者

現住所は、現在生活しているところを記入します。アパートやマンション名も省略せず記入します。保護者の住所欄は「児童の欄に同じ」と略してもよいです。保護者が海外などに在住の場合、世話をしている人（後見人）の氏名、住所を記入します。

【保護者の欄（後見人の場合）】

親権者以外の場合は、カッコ内に後見人であることを記入します。

保護者	ふりがな 氏　名	すずき こういち 鈴木浩一（後見人）
	現住所	東京都世田谷区若葉5−23

B 入所

市区町村が通知した入所年月日を記入します。入所の期日となるため、入園式の日と同一でなくても問題ありません。

C 卒所

保育所が定めた卒所の予定年月日を記入します。

D 就学先

進学した小学校の名称と所在地を記入します。

【私立小学校の場合】

就学先	私立さくら学院小学校 東京都世田谷区若葉72

E 保育所名及び所在地

保育所名は、公立の場合は都道府県名から書き、私立の場合は正式名称を略さずに記入します。

所在地も都道府県名から記入します。ゴム印等を使ってもかまいません。

【住所変更の場合】

旧住所を二重線で消し、下に新住所を記入します。

保育所名 及び所在地	東京都世田谷区立ナツメ保育園 ~~東京都世田谷区若葉335番地~~ 東京都世田谷区若葉東5−23

F 施設長氏名／担当保育士氏名

施設長の氏名を記入し、捺印します。担当保育士名の欄は、担当保育士の氏名を記入、捺印します。

副担任など、2名で受け持つ場合は、副担任の氏名も記入します。

施設長 氏　名	松本陽子　㊞
担当保育士 氏　名	木村 瞳 ㊞ 広田明子（副担任）

育ちを伝える書類

「保育に関する記録」の記入のしかた

子どもが園でどのように生活し、保育者が何に配慮して関わってきたかを記録します。
子どもの発達の状況を捉え、子どもの中で向上が著しいものや、
継続した援助が必要な事柄などを小学校での指導に役立つように記入します。

保育に関する記録〈様式例〉

（出典：厚生労働省ホームページ）

保育所児童保育要録（保育に関する記録）

本資料は、就学に際して保育所と小学校（義務教育学校の前期課程及び特別支援学校の小学部を含む。）が子どもに関する情報を共有し、子どもの育ちを支えるための資料である。

ふりがな		保育の過程と子どもの育ちに関する事項	最終年度に至るまでの育ちに関する事項
氏名		（最終年度の重点） A	E
生年月日	年　月　日		
性別		（個人の重点） B	
ねらい（発達を捉える視点）		（保育の展開と子どもの育ち） C	
健康	明るく伸び伸びと行動し、充実感を味わう。		
	自分の体を十分に動かし、進んで運動しようとする。		
	健康、安全な生活に必要な習慣や態度を身に付け、見通しをもって行動する。		
人間関係	保育所の生活を楽しみ、自分の力で行動することの充実感を味わう。		
	身近な人と親しみ、関わりを深め、工夫したり、協力したりして一緒に活動する楽しさを味わい、愛情や信頼感をもつ。		
	社会生活における望ましい習慣や態度を身に付ける。		
環境	身近な環境に親しみ、自然と触れ合う中で様々な事象に興味や関心をもつ。		幼児期の終わりまでに育ってほしい姿 ※各項目の内容等については、別紙に示す「幼児期の終わりまでに育ってほしい姿について」を参照すること。
	身近な環境に自分から関わり、発見を楽しんだり、考えたりし、それを生活に取り入れようとする。		健康な心と体
	身近な事象を見たり、考えたり、扱ったりする中で、物の性質や数量、文字などに対する感覚を豊かにする。		自立心
言葉	自分の気持ちを言葉で表現する楽しさを味わう。		協同性
	人の言葉や話などをよく聞き、自分の経験したことや考えたことを話し、伝え合う喜びを味わう。		道徳性・規範意識の芽生え
	日常生活に必要な言葉が分かるようになるとともに、絵本や物語などに親しみ、言葉に対する感覚を豊かにし、保育士等や友達と心を通わせる。		社会生活との関わり
表現	いろいろなものの美しさなどに対する豊かな感性をもつ。		思考力の芽生え
	感じたことや考えたことを自分なりに表現して楽しむ。		自然との関わり・生命尊重
		（特に配慮すべき事項） D	数量や図形、標識や文字などへの関心・感覚
	生活の中でイメージを豊かにし、様々な表現を楽しむ。		言葉による伝え合い
			豊かな感性と表現

保育所における保育は、養護及び教育を一体的に行うことをその特性とするものであり、保育所における保育全体を通じて、養護に関するねらい及び内容を踏まえた保育が展開されることを念頭に置き、次の各事項を記入すること。
○保育の過程と子どもの育ちに関する事項
＊最終年度の重点：年度当初に、全体的な計画に基づき長期の見通しとして設定したものを記入すること。
＊個人の重点：１年間を振り返って、子どもの指導について特に重視してきた点を記入すること。
＊保育の展開と子どもの育ち：最終年度の１年間の保育における指導の過程と子どもの発達の姿（保育所保育指針第２章「保育の内容」に示された各領域のねらいを視点として、子どもの発達の実情から向上が著しいと思われるもの）を、保育所の生活を通して全体的、総合的に捉えて記入すること。その際、他の子どもとの比較や一定の基準に対する達成度についての評定によって捉えるものではないことに留意すること。あわせて、就学後の指導に必要と考えられる配慮事項等について記入すること。別紙を参照し、「幼児期の終わりまでに育ってほしい姿」を活用して子どもに育まれている資質・能力を捉え、指導の過程と育ちつつある姿をわかりやすく記入するように留意すること。
＊特に配慮すべき事項：子どもの健康の状況等、就学後の指導において配慮が必要なこととして、特記すべき事項がある場合に記入すること。
○最終年度に至るまでの育ちに関する事項
子どもの入所時から最終年度に至るまでの育ちに関し、最終年度における保育の過程と子どもの育ちの姿を理解する上で、特に重要と考えられることを記入すること。

＊ 各欄の書き方 ＊

A 最終年度の重点

年度当初に全体的な計画に基づいて、この学年の1年間の指導の重点を決めます。この学年を担当するすべての保育者が話し合って決め、保育中も常に意識していることが重要です。

B 個人の重点

1年間を振り返り、その子どもに対して何を重点的に指導してきたかについて考え、記入します。一人一人の発達や個性に基づくので、内容はそれぞれ異なります。

C 保育の展開と子どもの育ち

ねらい（発達を捉える視点）や最終年度の重点に照らして、子どもが発達する姿について具体的に記入します。

その子の成長を促すために保育者がどのような援助をしてきたかということ、その結果、子どもがどのような変容を見せたかということを、保育者の思いを含めて記入していきます。

他の子どもと比較する必要はなく、あくまでも個人の伸びを捉えることが重要です。指導上で困難なことがあったとしても、子どもを否定的に捉えず、発達の過程であることを意識し、温かい目で受け止めます。

うまくいかなかった援助についても書いておくと、次の指導者が指導していくうえで役に立つでしょう。5歳児後半の育ちを「10の姿」に照らして記入します。

D 特に配慮すべき事項

子どもの健康状態や、就学後の指導において配慮が必要なことを書きます。アレルギーの有無や常に援助が必要なことなど、その子を担任するうえで知っておかなければならないことについて記入します。

欄が小さいので簡潔に書き、詳しいことは保護者との面談で情報をもらうと考えればよいでしょう。

E 最終年度に至るまでの育ちに関する事項

子どもの入園時から最終年度に至るまでの成育について、左の欄に書いた子どもの育ちを理解するうえで必要と思われることを記入します。影響を与えただろうと思われる家族の状況などがあれば、それも書きます。

＼文例は4項目と5領域別／

「保育の展開と子どもの育ち」本書での分類

「保育に関する記録」の左側に列記されている5領域のねらいは、子どもの発達を捉えるうえで大切な視点です。本書では、5領域を意識したうえで、さらに書きやすくするために、ひと工夫しました。

本書の文例は4項目と5領域別で

本書では「保育の展開と子どもの育ち」の文例を「生活」「遊び」「友達」「興味・関心」の4項目に分けています。ありのままの子どもの姿を書き出しやすいからです。子どもの姿の中には様々な育ちが混在しています。その育ちをていねいに読み取るのが、5領域の視点です。この4項目には重なりがあります。「興味・関心」が「遊び」へとつながっていくこともよくあります。本書では、最も要素が強いと思われる項目に載せています。

さらに本書では、5領域別の文例も載せています。ですから「あの子と似ている」を見つけやすいでしょう。それをきっかけに、子どものありのままの姿を記入し、そこから読み取れる育ちや、保育者の援助を書き込んでいくことが重要なのです。

文例を参考にして子どもにぴったりの文を工夫してください。

「10の姿」をキーワードで確認

「幼児期の終わりまでに育ってほしい姿」の10項目の視点でも、子どもの姿を吟味します。自分が導いたその子の育ちは、「10の姿」のどの部分に相当するのか見極めるのです。「10の姿」は長文で記されている項目も多いので、キーワードを抽出しました。自分が捉えたことはどれに近いのか、という見方もできるでしょう。すべてを合致させる必要はありません。関わりがありそうだな、と意識することが大切なのです。

5歳児みきちゃんの1年間を振り返ってみよう

自立心

豊かな感性と表現

協同性

道徳性・規範意識の芽生え

社会生活との関わり

思考力の芽生え

健康

人間関係

表現

言葉

環境

みきちゃんの生活の姿を見てみると…

生活習慣はきちんとしており、洋服もていねいにたたむことができる。タオルをしまい忘れている友達に声を掛けるなど、自分でできることを見つけて進んで行動している。

健康＋人間関係＋環境

みきちゃんの友達との関係を見てみると…

友達に遊具を取られても、黙っていることが多かった。思いを伝えることの大切さを知らせ、一緒に言いに行くことを繰り返すうちに、自分から伝えられるようになった。

人間関係＋言葉

みきちゃんの遊びの姿を見てみると…

「がらがらどんごっこ」ではトロル役になり「誰だー!」と周りがびっくりするほど大きな声が出せた。役になったことが、自分を解放することにつながった。

環境＋言葉＋表現

みきちゃんの興味・関心があるのは…

玉入れのかごを見つけると進んで投げ入れはじめた。ジャンプしながら投げたり、後ろ向きで投げたり様々な投げ方を工夫して楽しんだ。

健康＋環境

数量や図形、標識や文字などへの関心・感覚

保育要録 Q&A

記入について①

Q 保育要録は必ず作成しなくてはいけないのでしょうか？

A 法律で義務付けられています

平成20年の「保育所保育指針」の改定により、必ず作成するよう義務付けられています。子ども一人一人に対して「入所に関する記録」と「保育に関する記録」の2種類を作成し、どちらが欠けても成立しません。

Q 手書きの場合の注意点はありますか？

A ペンは黒または青で。修正液は使いません

黒または青色インクのペンやボールペンを使用します。消せるペンは使いません。

誤って書いてしまった場合は、修正液などを使用せず、二重線を引いて消し、訂正者の認印を押してから訂正します。訂正した事項に変更があった場合も、二重線を引いて消します。その場合は間違いではないので、訂正印は必要ありません。前に記入した文字が判読できるようにしておきます。

Q 自宅に持ち帰ってもよいのでしょうか？

A 職場で書き上げましょう

保育要録の記入は、職場で行うのが原則です。保育要録は公文書なので取り扱いには十分な注意が必要です。万が一なくしてしまったり、情報が漏れてしまったりすると取り返しのつかないことになります。

保育要録は職場で作成するという職員全体の共通認識のもと、職場で完成させられる環境をつくることが重要です。

Q 保管はどのようにすればいいでしょうか？

A 金庫に入れて保管するのがベスト

「入所に関する記録」は5年、「保育に関する記録」はその子が小学校を卒業するまで保存しなければなりません。園の耐火金庫に入れておくことが望ましいでしょう。金庫に入れない場合でも、日光による退色がないようにします。保育要録は、いわば園児の個人情報です。関係のない者が勝手に見られる状態になっていないか、責任者がしっかりと管理しておくことが大切です。

第2章

保育要録へのまとめ方

＼マンガで分かる／

日々の記録を保育要録へ

保育要録を作成するうえで欠かせないのが、日々の記録と個人記録です。
これらの記録を振り返ることで見えてくる子どもの育ちの姿が、
保育要録作成の大きな１歩となります。

STEP 1　1年間の援助を整理する

日々の記録

1年間の援助を振り返るために、
日々の記録と個人記録を見直してみましょう。

7月11日(木)

時間	生活の流れ	子どもの姿と援助	環境の構成 / 自由記述	個人メモ	
8:30	○登園する ○好きな遊びをする ・ゴルフごっこ ・うちわ屋さん ・カレー屋さん ・製作 ・色水遊び	パターゴルフが人気。空き箱にラップ芯をつけてクラブをつくっている。粘着テープを補充。 しおりとれながお客さん対応をやりたがりトラブル。しおりが「れなちゃんばかりやっている」と涙目になる。れなは店の中でカレーをつくる役になる。しおりは「ありがとう」と言う。	（環境図：材料、用具、製作、カレー屋、ゴルフコーナー、うちわ屋、色水コーナー、テラス） **自由記述** いつもれなが「いらっしゃいませ」とお客さん対応をしているのだが、今日はしおりも自分を出し、れなに立ち向かった。今まで強いれなに押し切られ、ゆずっていたのだろう。勇気を出して「れなちゃんばかりやっている」と言えたのは大きな成長だ。れなはプイとしおりに背を向けたが、保育者が「しおりちゃんはどんな気持ちかな?」と問うと「じゃ、いいよ」と店へ入る。しおりが「ありがとう」と言うと背中を向けたままうなずいた。少しずつ人の気持ちに気付き、両者とも楽しめる道を探してほしいと願う。	みく	プールではしゃぐ
				れな	カレー屋さん
				りさ	色水づくり 混色を楽しむ
				こうた	クラブをつくる
10:30	○片付ける ○プール遊びをする ・流れるプール ・貝拾い	しんは風邪のため、水鉄砲で的あてを楽しむ。		しん	風邪　せき
				みほ	うちわ屋さん
				しおり	れなとトラブル
16:00	○帰りの会 ・絵本『わんぱくだんのかいていたんけん』を見る	楽しかったことの発表では、うちわ屋さんのみほとかながデカルコマニーのおもしろさを話した。		かな	うちわのつくり方を話す

個人記録

【ゆり組　山口れな】

1期	4／10 6／17	ウサギ当番を張り切って行う。包丁を使い野菜を切る。 雨の日探検隊になり、クモの巣に雨だれが付いている様子やカタツムリの動きなどをよく観察した。
2期	7／11 9／4	カレー屋のお客さん対応をめぐって、しおりとトラブル。相手の気持ちを考えるよう助言すると、ゆずることができた。 夏休みの発表会で、貝がらでつくったオブジェを見せながら、沖縄に行った体験を分かりやすく話した。
3期	10／2 12／10	応援団になり、ポンポンを振りながらダンスをした。友達と一緒に活動することに喜びを感じている。 はるとと紙芝居づくり。ウサギのうーを主人公に冒険するお話を考え、絵と文を分担してかいている。相談して進めることができるようになった。
4期	1／12 2／3 3／2	かるたを読む役を好む。やりたい子が来ると交代で読むことを提案する。 豆まきで鬼の登場に怖がる3歳児に「大丈夫だよ」と優しく接していた。 ひなまつりの姫になりきり、「わらわは〜つかまつる」と昔言葉を楽しみ友達と笑い合った。

STEP 2 援助から子どもの育ちを見る

夏頃まではトラブルが
多かったけれど、
今は毎日楽しそうだな。
どんな変容があったかな…。

そうだ！

1月にオリジナルかるたづくりをしたとき、
絵がうまくかけない友達を
手伝っていました。

子どもは保育者の援助をはじめとする、
環境の働きかけによって自ら学び、
自信を得て次のステップへと
上がっていくのよ。

次のステップに上がるきっかけが
友達だったのか、
遊びのおもしろさだったのか、
見極めることが大切ね。

STEP 3 5領域と「10の姿」から育ちを見る

期ごとに5領域と
「10の姿」の視点で
見てみましょう。

一つの活動でも、
視点を変えるだけで
様々な発達が
見えてきますね！

2期の姿 カレー屋さんへの取り組みから

健康

明るく伸び伸びと安定感をもって行動した。 健康

人間関係

相手の気持ちに気付き、抗議を受け入れ、ゆずることができた。 規範

環境

色画用紙や牛乳パックを活用し、カレーやスプーンをつくり出す。

言葉

「いらっしゃいませ」「おいしいカレーいかがですか」「辛いのもありますよ」など、お店の人にふさわしい言葉を使う。 言葉

表現

できたてのカレーを持ち、「熱いから気を付けて」と耳たぶに指をあてる。

子どもの育ちを
チェックする窓ね。

3期の姿 紙芝居づくりから

健康

保育者や友達とふれあい、安定感をもって行動した。

人間関係

友達の考え方ややりたいことも受け止めて、役割分担をした。 協同

環境

世話をしてきたウサギのうーを題材にし、ケガのエピソードや実体験をストーリーに取り入れた。 自然

言葉

友達と相談しながらストーリーを考え、ひらがなで書き合った。 数・字

表現

大きな声ではっきりと紙芝居を読み進め、悲しい場面は悲しそうに、うれしい場面は喜びを生き生きと表現した。 表現

STEP 4 保育要録へ記入する

＊ 保育要録の記入の考え方 ＊

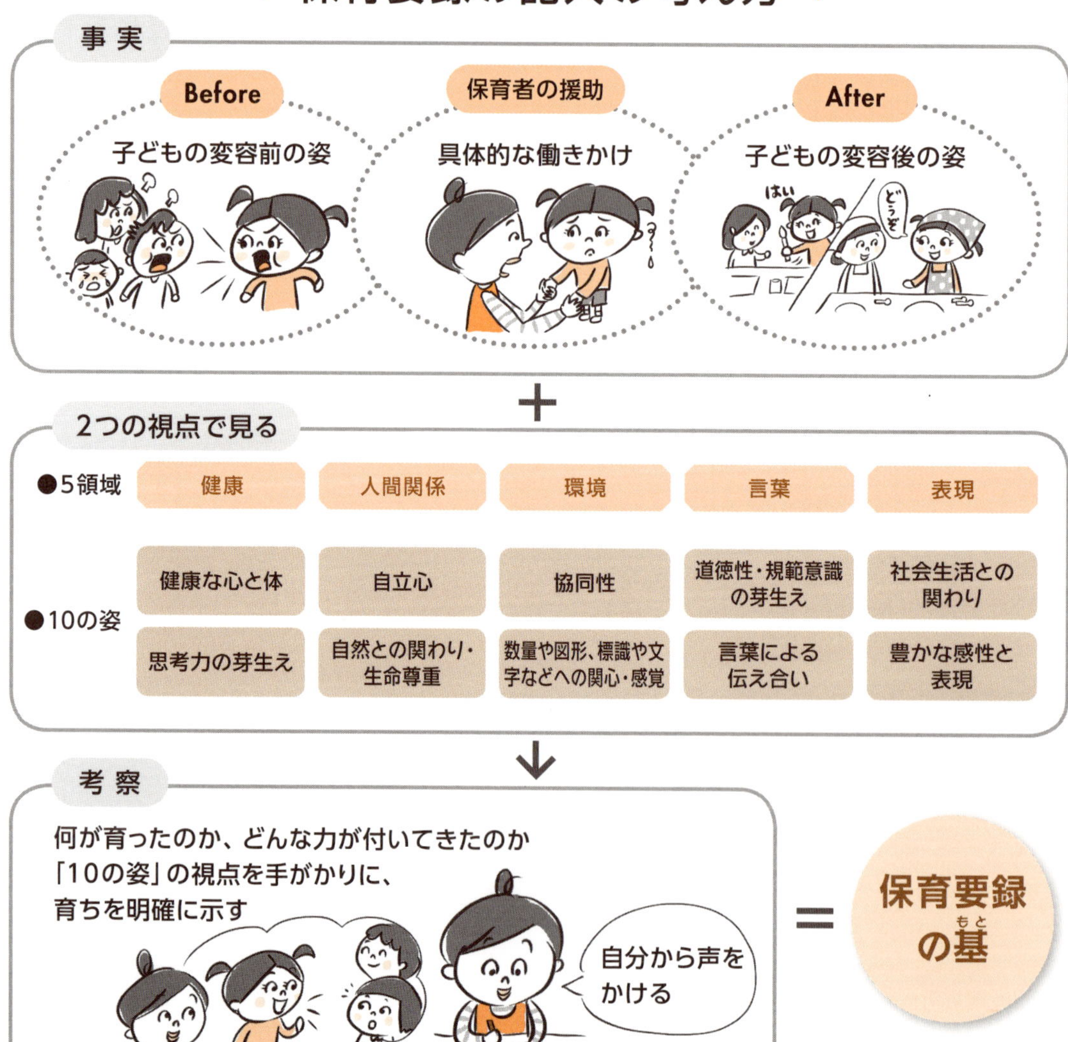

5領域と「10の姿」の視点と、保育者の援助などを意識して記入していくことが重要よ。

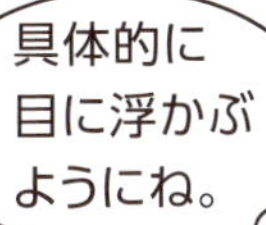

【保育要録／山口れな 5歳児の場合】

保育の過程と子どもの育ちに関する事項
（学年の重点） 友達と互いに認め合い、力を合わせて主体的に園生活を進める。
（個人の重点） 相手の思いに気付き、自分も相手も満足できる方法を考えて行動する。
（保育の展開と子どもの育ち） 何に対しても意欲があり、積極的に取り組むことができる。7月にカレー屋をしていたとき、友達もお客さん対応をしたかったのにずっとやり続けていた。 「相手はどんな気持ちかな?」と問うと、少し考え場をゆずってくれた。相手もやりたい気持ちをもっていることに気付き、折り合いをつけられたのだろう。 規範 12月の紙芝居づくりでは、友達の思いや考えにも耳を傾け、みんなで力を合わせてつくり、3、4歳児に見せたいという共通の目的をもって活動した。自分一人で決めるのではなく、相談することができるようになったことは、大きな成長である。 協同 3月のひな祭りの遊びでは、平安のお姫様のことをよく調べ、十二ひとえや雅な言葉などにも興味をもった。仲間と共に工夫して遊び、心のつながりを深めていった。 表現

相手の気持ちに気付かせる援助をしたことが伝わります。

10の姿「協同性」が育つ活動であったことが読み取れます。

何が育ったと保育者が捉えているかを、しっかりと書きます。

関心をもった対象について詳しく書いてあります。充実した暮らしぶりがうかがえます。

＼押さえよう！／

保育要録の文章のポイント

保育要録を記入するときに大切なのが、言葉の使い方。ここでは読み手に誤解を与えることなく、子どもの姿が伝わりやすい6つのポイントを紹介します。

長所ではなく今年度伸びた点を書く

保育要録に求められるのは、子どもの長所を並べることではなく、子どもが園でどんな経験をして、どんな成長があったのかを伝えることです。

POINT

✕ NG文例	いつも元気でやる気がある。 歌が得意で大きな声で歌える。
○ GOOD文例	歌が好きで、発表会では指揮者に立候補し客席からの拍手をもらい、自信を深めた。友達の歌声に合わせることにも意識が向くようになった。

ポイント 2

短所と思われる点も発達の過程として捉える

「落ち着きがない」「気が短い」などの課題が残る点も、発達の過程として捉えることで、次の援助につながるように記入しましょう。

POINT

✕ NG文例　落ち着きがなく、人の話を最後まで聞けない。

○ GOOD文例　話の途中で離席することがあったので、保育者の近くに座るようにしたり顔をのぞきこんで話したりした。3学期には、絵本を最後まで聞けるようになった。

年齢にとらわれずに その子なりの育ちを見る

保育要録は、その子自身の育ちを記入することが大切です。同年齢の平均や理想の姿と比較せず、その子の成長の段階として伝えましょう。

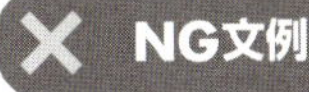

✕ NG文例	まだ、一人で遊んでいることが多い。
○ GOOD文例	一人での遊びが多いので、友達と遊ぶ楽しさに気付けるように援助してきた。今後も継続した援助が必要である。

ポイント 4

その子の姿が思い浮かぶよう具体的に書く

子どもの姿を表す印象的なエピソードなどは、会話や子どもの表情なども交えながら、読み手にイメージが伝わるよう具体的に記入します。

POINT

× NG文例 自分から積極的に遊びに関わる姿が見られる。

○ GOOD文例 フィンガーペイントなど、保育者が準備したコーナーに興味をもって意欲的に取り組む。友達の遊びにも自分から「入れて」と積極的に関わる。

ポイント 5

保育者が主体となる「〜させる」は使わない

「〜させる」という表現は、保育者中心のような印象を与えてしまいます。子ども自身がどのように行動したのかを伝える表現にしましょう。

第2章 保育要録へのまとめ方

POINT

✕ NG文例
使ったものの片付けがなかなかできなかったので、運ぶものを手に持たせ、背中を押して片付けさせた。

〇 GOOD文例
使ったものを片付けようとしなかったので、運ぶものを見せ、どこにしまうのかを尋ねたところ、自分で持って行くようになった。

「～してくれる」「～してもらう」は使わない

「～してくれる」「～してもらう」という言葉も、保育者が主体の表現なので注意が必要です。子ども主体の表現を念頭に置きましょう。

POINT

お店屋さんごっこで、たくさんの材料や用具を使用した際、進んで掃除をしてくれた。

お店屋さんごっこで、たくさんの材料や用具を使用した際、進んでほうきではいたり、同じ種類のものを集めたり、翌日も続きができるように片付けた。

第3章

「10の姿」キーワード・文例

「10の姿」キーワード 文例集の活用法

「10の姿」を示す文章には、いろいろな要素が詰まっています。
一読しただけでは理解しにくいため、短いキーワードで要素を取り出しました。
そのキーワードを具体的な場面で表現した文例を掲載しています。ご活用ください。

「幼児期の終わりまでに育ってほしい姿」は長い文で示されているので、どのような内容を指し示しているのかを、まず理解する必要があります。1つ1つの姿を示す文を読みくだき、文に盛り込まれている要素を分かりやすくキーワードで示しています。そして、そのキーワードはどのような子どもの姿のことなのかを、具体的な場面の文例で掲載しました。

保育要録に書きたい育ちの場面をあげたら、それが「10の姿」のどの項目に当てはまるのか、姿を示す文章のどの部分に近いことなのかを確認します。そして、キーワードを使いながら、その子の育ちの過程と自分の行った援助を記述してください。

また、育ちのシーンが思い浮かびづらい場合、文例を読みながら、似たような出来事がなかったか考えてみてください。きっと、ひらめきが訪れるはずです。

[幼児期の終わりまでに育ってほしい姿（10の姿）]

健康な心と体 / 自立心 / 協同性 / 道徳性・規範意識の芽生え / 社会生活との関わり / 思考力の芽生え / 自然との関わり・生命尊重 / 数量や図形、標識や文字などへの関心・感覚 / 言葉による伝え合い / 豊かな感性と表現

保育要録にまとめようとする文章を考えたら、「10の姿」でも読み取ってみる

1 本書の4項目「生活への取り組み」「遊びの傾向」「友達との関係」「興味・関心」から子どもが育ったと思う場面を書いてみる。

たけるくんの育ちがまとめられたわ。次は「10の姿」で確認ね

2 【「10の姿」キーワード・文例】を見ながら、子どもの姿を確認する。

保育所保育指針の「第1章　総則　4 (2) 幼児期の終わりまでに育ってほしい姿」を掲載。

10の姿 … 幼児期の終わりまでに育ってほしい姿

1. 健康な心と体

条文　保育所の生活の中で、充実感をもって自分のやりたいことに向かって心と体を十分に働かせ、見通しをもって行動し、自ら健康で安全な生活をつくり出すようになる。

[キーワード]	[文 例]
充実感をもって活動する	長縄跳びを、はじめは1回跳ぶだけで精一杯だったが、やっているうちにコツをつかみ、充実感を覚えながら30回以上跳べるようになった。
自分のやりたいことに向かう	ダンスが好きで、新しい曲に出合うと自分で振り付けを考え、友達や保育者に見せて楽しんでいる。
心を十分に働かせる	助け鬼では、友達を助けることに興味をもち、鬼が見ていないところを忍者のように通って友達に目配せをしながらタッチした。
体を十分に働かせる	エンドレスリレーに意欲的に取り組み、走者の足りなくなったチームに進んで入り、汗をたくさんかきながら力いっぱい走っていた。
見通しをもって行動する	秋の遠足の2日前、それまでサッカーに熱中していたが、「そろそろ、どんぐりを入れるための袋をつくらなくちゃ」と取り組んだ。

42

part 3　p.042-043

[キーワード]	[文 例]
健康な生活	風邪を引かないように、活動の節目にうがいを進んで行う。10秒以上はガラガラして気を付けている。
安全な生活	正しい椅子の持ち方や座り方を心がけ、自分も周りの人もケガをしないようにしている。
生活習慣の自立	朝の活動や降園の支度を手早くすることができ、遅い人のタオルや忘れている帽子などを友達に届けている。
身の回りの整理	整理棚の中のクレヨンやはさみ、のりなどをいつもきちんと整とんし、使いやすくしている。
清潔に関する習慣	鼻水が出ると、ティッシュペーパーをていねいにたたみ、指で鼻の穴を片方ずつ押さえながら適切に鼻をかむことができる。
食に関する習慣	好き嫌いなく何でもおいしそうによくかんで食べている。「いただきます」「ごちそうさま」のあいさつも、心をこめて言える。
食に関する習慣	箸を正しい使い方で使用することができる。小さな豆なども器用につまむ。

第3章　「10の姿」キーワード・文例

43

3 文例からその子どもに近い姿を見つけたら、参考にしながら文章を考える。

できた！

1. 健康な心と体

保育所の生活の中で、充実感をもって自分のやりたいことに向かって心と体を十分に働かせ、見通しをもって行動し、自ら健康で安全な生活をつくり出すようになる。

［キーワード］	［文 例］
充実感をもって活動する	長縄跳びを、はじめは1回跳ぶだけで精一杯だったが、やっているうちにコツをつかみ、充実感を覚えながら30回以上跳べるようになった。
自分のやりたいことに向かう	ダンスが好きで、新しい曲に出合うと自分で振り付けを考え、友達や保育者に見せて楽しんでいる。
心を十分に働かせる	助け鬼では、友達を助けることに興味をもち、鬼が見ていないところを忍者のように通って友達に目配せをしながらタッチした。
体を十分に働かせる	エンドレスリレーに意欲的に取り組み、走者の足りなくなったチームに進んで入り、汗をたくさんかきながら力いっぱい走っていた。
見通しをもって行動する	秋の遠足の2日前、それまでサッカーに熱中していたが、「そろそろ、どんぐりを入れるための袋をつくらなくちゃ」と取り組んだ。

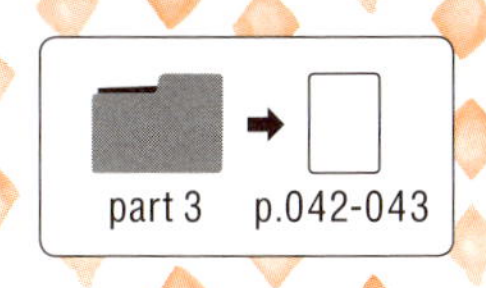

［キーワード］	［文 例］
健康な生活	風邪を引かないように、活動の節目にうがいを進んで行う。10秒以上はガラガラして気を付けている。
安全な生活	正しい椅子の持ち方や座り方を心がけ、自分も周りの人もケガをしないようにしている。
生活習慣の自立	朝の活動や降園の支度を手早くすることができ、遅い人のタオルや忘れている帽子などを友達に届けている。
身の回りの整理	整理棚の中のクレヨンやはさみ、のりなどをいつもきちんと整とんし、使いやすくしている。
清潔に関する習慣	鼻水が出ると、ティッシュペーパーをていねいにたたみ、指で鼻の穴を片方ずつ押さえながら適切に鼻をかむことができる。
食に関する習慣	好き嫌いなく何でもおいしそうによくかんで食べている。「いただきます」「ごちそうさま」のあいさつも、心をこめて言える。
食に関する習慣	箸を正しい使い方で使用することができる。小さな豆なども器用につまむ。

2. 自立心

身近な環境に主体的に関わり様々な活動を楽しむ中で、しなければならないことを自覚し、自分の力で行うために考えたり、工夫したりしながら、諦めずにやり遂げることで達成感を味わい、自信をもって行動するようになる。

［キーワード］	［文 例］
主体的に関わる	園に来たお客さんに自分からあいさつし、園内や自分のしている遊びを積極的に教える。相手が喜ぶことを、うれしく思って関われる。
しなければならないことを自覚	友達に「早くサッカーをやろう」と誘われても、「歯みがきをしてからでないと行けない」と告げ、やり終えてから向かった。
自分の力で行う	毛糸の指編みに苦戦し、友達に「やってあげようか」と言われても「自分でやりたいから」とあきらめず、自分のあやとりをつくりあげた。
自分で考える	運動会のはじめの言葉をどのように言ったらみんなのやる気が高まるか、自分で考えて、大きな声で話した。
工夫する	劇遊びで忍者になり、忍者屋敷の壁がくるりと反対向きになる仕掛けを工夫し、友達と一緒につくりあげた。

［キーワード］	［文例］
やり遂げる	マフラー編みを楽しみ、毛糸の色を替えながら何日もかけて、美しいマフラーを編みあげて誇らしそうだった。
達成感を味わう	友達が逆上がりをするのを見て挑戦し始めた。だんだん足が上がるようになり、1週間後にはくるりと回れて達成感を味わった。
自信をもって行動する	5歳児であるという自覚が生まれ、年下の子どもへの接し方が優しく自信にあふれている。
人と関わる力	相手の表情や行動から遊びに入りたい思いを感じ取り、「やりたいなら、この列に並ぶといいよ」と連れて行った。
支え合う生活	長い大型箱積み木の片側を友達が持とうとすると、すっと反対側を持ち、力を合わせて運んでいる。
粘り強く取り組む	空き箱で3階建ての家をつくる際、3階部分が落ちそうだったが、あきらめず補強し続けて完成し、満足感を味わった。
粘り強く取り組む	友達のように跳び箱5段が跳びたくて、うまくいかなくてもあきらめず、毎日挑戦し続けて、とうとう跳べるようになった。

3. 協同性

友達と関わる中で、互いの思いや考えなどを共有し、共通の目的の実現に向けて、考えたり、工夫したり、協力したりし、充実感をもってやり遂げるようになる。

［キーワード］	［文 例］
友達と考えを共有する	輪ゴムで跳ぶピョンピョンガエルをつくった後、友達とカエルのおうちもつくってあげようと考えを出し合って相談した。
共通の目的	紙芝居をつくって年下のクラスを招待したいという共通の目的をもち、協力して活動を進めた。
協力する	劇遊びのレンガの家をつくるために牛乳パックが大量に必要なことが分かり、周りに呼びかけてたくさん集めることに協力した。
協力する	砂場でのダムづくりで、水を運ぶ友達の姿を見て「手伝うよ」とバケツを持った。力を合わせて水路をつくり、放流を共に楽しんだ。
充実感をもってやり遂げる	クラスみんなでつくりあげたお祭り広場に、園中の子どもが来て楽しんでくれたことに充実感を感じ、やり遂げた喜びを味わった。

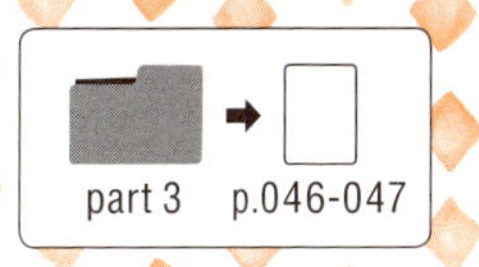

［キーワード］	［文 例］
一緒に活動する楽しさ	グループですごろくをつくり、一人ではできないことも数人で一緒に活動することで、楽しくやり遂げられることを感じた。
友達と相談しながら工夫する	大きな恐竜をつくった際、お客さんが顔を出して写真を撮れるようにしたいと考え、相談しながら顔の部分をくり抜く大きさを加減した。
それぞれの力を発揮する	おばけ屋敷で、おばけに扮して箱から出る際、お客さんが来たらフタを3回たたく合図をするよう頼み、大成功をおさめた。
共同作業を楽しむ	作品展に向け、水族館の入り口にスズランテープをさいた飾りを付けたいと考え、友達と会話を楽しみながらつくった。
役割分担	クラスで作品展をする際、案内役を希望し、お客さんたちを親切に案内した。
目的をもってやり遂げる	みつばちの巣を力を合わせてつくろうと、段ボールの輪をつなぎ合わせて3日かけて完成させた。
目的をもってやり遂げる	園内パトロール隊のバッジを友達と考え、自分でつくって胸に付けると、張り切ってパトロールに出かけている。

4. 道徳性・規範意識の芽生え

条文

友達と様々な体験を重ねる中で、してよいことや悪いことが分かり、自分の行動を振り返ったり、友達の気持ちに共感したりし、相手の立場に立って行動するようになる。また、きまりを守る必要性が分かり、自分の気持ちを調整し、友達と折り合いを付けながら、きまりをつくったり、守ったりするようになる。

［キーワード］	［文 例］
してよいことや悪いことが分かる	すべり台の順番待ちの列に並ばず、横入りした友達に、「後ろに並ぶんだよ」と優しく教えた。
行動を振り返る	わざとではないが、後ろへ下がった拍子に友達の足を踏んで泣かせてしまった。黙っていったん離れたが、考えて戻ってきて「ごめんね」と言った。
きまりの必要性が分かる	内履きのまま園庭で遊んでいた3歳児に、脱いで裏を見るように促し、「ほらね。汚れちゃったら中に入れないよ」と教えていた。
自分の気持ちを調整する	使いたかった竹馬をタッチの差で友達に取られ、悔しい気持ちを鉄棒にぶつけ、何度も前回りをして心を落ち着けた。
友達と折り合いを付ける	箱積み木で宇宙基地をつくる過程で、立方体の積み木が必要になった。他の遊びで4つ使っていたので相談をもちかけ、他の形の積み木と交換してもらった。

［キーワード］	［文 例］
きまりをつくる	ドッジボールで、同じ人ばかりが外野から投げていたので、「2回投げたら、次は他の人にゆずる」を提案し、認められた。
きまりをつくる	金魚のエサを与えすぎて、水槽の水が汚れた際、「やりたい人は10時に来て1日1回にする」と考え、みんなの合意を得た。
きまりを守る	急いでトイレから出て遊びに戻ろうとしていたが、「あっ」と気付いて振り返り、スリッパを揃え直してから戻った。
きまりを守る	かるたの読み手が人気だった際、「3枚読んだら次の人に交代だよね」と言って、読み札を次の人に渡した。
生命尊重の心情	しおれかけた花壇のスミレの花を見て、「かわいそう」とつぶやき、じょうろで水をやった。
思いやりの気持ち	泣いている友達に、「大丈夫?」と言って近づき、ハンカチを手渡して心配そうに顔をのぞきこんだ。
基本的な生活習慣	持ち物の始末や朝の活動などを、きめられた通りにいつもきちんと行っている。

5. 社会生活との関わり

条文 家族を大切にしようとする気持ちをもつとともに、地域の身近な人と触れ合う中で、人との様々な関わり方に気付き、相手の気持ちを考えて関わり、自分が役に立つ喜びを感じ、地域に親しみをもつようになる。また、保育所内外の様々な環境に関わる中で、遊びや生活に必要な情報を取り入れ、情報に基づき判断したり、情報を伝え合ったり、活用したりするなど、情報を役立てながら活動するようになるとともに、公共の施設を大切に利用するなどして、社会とのつながりなどを意識するようになる。

［キーワード］	［文 例］
家族を大切にする	折り紙で箸置きをつくった際、「お父さんとお母さんとお兄ちゃんの分もつくる」と張り切り、大事に持ち帰った。
地域の人と触れ合う	散歩の際に、「こんにちは」と出会う人みんなに明るく声をかけ、言葉をかけられるとうれしそうにしていた。
役に立つ喜び	友達がテーブルを運ぼうとしていたとき、「こっち持つよ」と言って片方を持ち上げた。「ありがとう」と言われ、うれしそうだった。
遊びに必要な情報を取り入れる	ごっこ遊びをしていて、「バスの運転手さんは、こう言ってた」と、友達とアナウンスのまねをして楽しんだ。
生活に必要な情報を取り入れる	トマトが苦手な友達に、「リコピンっていう栄養が、パワーをくれるよ」と伝え、一緒にパクッと口に入れて微笑みあった。

［キーワード］	［文 例］
情報に基づき判断する	ホールで他クラスの劇遊びが始まった際、のぞきに行き、「小さい組でいっぱいだから、今日は見るのやめておこう」と話し合った。
情報を伝え合う	「隣のクラス、インフルエンザの人が2人だって」と伝え、予防をしようと、手洗いとうがいを呼びかけた。
情報を役立てる	「セミは一週間しか生きられない」と知り、捕まえたセミを逃がし、「精一杯、生きろよ」と見送った。
公共の施設を利用する	プラネタリウムを見に行った際、次に見る人が気持ちいいようにと、上げていない座席を上げて回った。
社会とのつながり	電車に乗った際、車掌さんがホームを点検したり、安全を確認する後ろ姿を見て、電車に乗れるのは多くの人のおかげであることを知った。
高齢者との関わり	高齢者施設へ行った際、高齢者と1対1で関わり握手をし、自分の祖父母とはまた違う雰囲気やよさを知り、親しみをもった。
小学生との関わり	小学校訪問で、1年生の教室で名前を書いた際、世話をしてくれた人に親しみをもち、小学校へ行くことを楽しみにしている。

6. 思考力の芽生え

身近な事象に積極的に関わる中で、物の性質や仕組みなどを感じ取ったり、気付いたりし、考えたり、予想したり、工夫したりするなど、多様な関わりを楽しむようになる。また、友達の様々な考えに触れる中で、自分と異なる考えがあることに気付き、自ら判断したり、考え直したりするなど、新しい考えを生み出す喜びを味わいながら、自分の考えをよりよいものにするようになる。

［キーワード］	［文 例］
物の性質を感じ取る	実験を繰り返しながら、たらいの水の中で牛乳パックや木片は浮き、石やクリップは沈むという、物の性質を感じ取っている。
物の仕組みを感じ取る	ゴムのプロペラ式の船をつくり、ねじれたゴムが戻ろうとする力でプロペラが回って船が進むことを知った。
物との多様な関わり	花びらから色水をつくる際、手でもんだり、すり鉢を使ったり、花びらの量を考えて、濃さを加減した。
自分と異なる考えに気付く	お面を運ぶ際に、自分はカゴに入れて運んでいたが、友達はお面のわっかにひもを通して結んで運んでいて、こんな方法もあるのかと驚いた。
判断する	ハンバーガー屋さんごっこで、今日はお客さんが多そうだと判断し、店頭に立つ人を2人にしようと相談した。

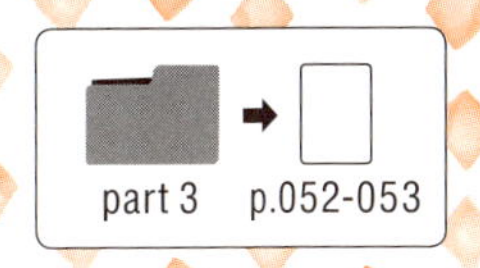

［キーワード］	［文 例］
考え直す	段ボールの家がすぐ倒れてしまうので、しっかり立つように旗立て台を置いて固定するよう考え直した。
よりよい考えを生み出す	段ボールにひもをガムテープで貼っても、少し引っぱると取れてしまう。穴を開けてひもを通して結ぶと取れないと考えた。
自分なりに考える	砂場まで水を運ぶ際、1リットルのペットボトルに入れていたが、バケツのほうが水を入れやすいと考え、切り替えた。
自分なりに考える	助け鬼では、鬼に見つからないように隠れながら、仲間にタッチして逃がす方法を考えて楽しんだ。
関連付けて考える	3歳児をお店に呼びたかったが、今日は親子活動があり、明日は身体測定であることを考え、明後日に来てもらうよう準備した。
試す	寒い朝に氷が張ることを発見し、お菓子の缶やままごと道具などに水を入れて庭に置き、氷ができるか試した。
比べる	前に編んだあやとり用のひもは短くてやりにくかったため、次は長めにつくろうと、途中で比べながら編み進めた。

7. 自然との関わり・生命尊重

条文

自然に触れて感動する体験を通して、自然の変化などを感じ取り、好奇心や探究心をもって考え言葉などで表現しながら、身近な事象への関心が高まるとともに、自然への愛情や畏敬の念をもつようになる。また、身近な動植物に心を動かされる中で、生命の不思議さや尊さに気付き、身近な動植物への接し方を考え、命あるものとしていたわり、大切にする気持ちをもって関わるようになる。

［キーワード］	［文 例］
自然の変化に気付く	サクラの木の花が散った後に葉がしげり、秋には紅葉して散るという変化に気付き、季節を感じた。
身近な事象への関心	雨が降ると園庭の様子が一変することへ興味をもち、水たまりにしずくが落ちる様子をじっと観察している。
自然への愛情	育てているヒヤシンスの茎が伸びていくことを喜び、根が容器いっぱいに広がる様子を楽しみ、大切に見守っている。
自然への畏敬の念	照りつける太陽の偉大なエネルギーを感じ、洗濯物を乾かしたり、日焼けさせたりすることに畏敬の念をもっている。
生命の不思議さ	青虫がさなぎを経てチョウになる様子を観察し、生命の不思議さを感じている。

[キーワード]	[文例]
生命の尊さ	飼っていたウサギが死んだことを受け止め、二度と生き返ることはないと実感し、生命の尊さに気付いた。
身近な動植物を大切にする	ダンゴムシが好きで、たくさん捕まえて喜んでいたが、命があることを知り、元の場所へ帰すようになった。
身近な動植物を大切にする	ヒヤシンスの根に光が当たらないように気を付け、友達にも「暗いところで見てね」と伝えている。
身近な動植物に関わる	カイコが旺盛な食欲でクワの葉を食べる様子に目を見張り、進んで葉を取り替えている。
様々な生き物との出合い	いも掘りの途中で、大きなミミズを見つけて驚いたが、おもしろい動きにじっと見入っていた。
厳しい自然を知る	絵本を通して、南極では想像もつかない寒さであることを知り、基地で働く人に思いを寄せた。
自然の美しさ	雨上がりに雑木林で見つけたクモの巣が、レースのように美しいことに感動していた。

8. 数量や図形、標識や文字などへの関心・感覚

条文

遊びや生活の中で、数量や図形、標識や文字などに親しむ体験を重ねたり、標識や文字の役割に気付いたりし、自らの必要感に基づきこれらを活用し、興味や関心、感覚をもつようになる。

[キーワード]	[文 例]
数量に親しむ	ままごと遊びで、家族4人分の箸を数え、2本ずつセットした。
図形に親しむ	生活の中の図形探しに意欲的に取り組み、丸は、ごみ箱の底、ガムテープ、電球など、たくさん見つけた。
標識に親しむ	園に来るまでの道で「止まれ」「横断歩道」「踏切」などの標識を見つけ、絵に描いてみんなに知らせた。
文字に親しむ	「すしや」の看板の文字を書きたくて、名前にその文字が入っている友達を思い浮かべ、ロッカーの名札のひらがなを見ながら書いた。
標識の役割に気付く	狭い道では、歩く人の安全のために「一方通行」になっていることを知り、散歩の際に年下の子へ教えた。

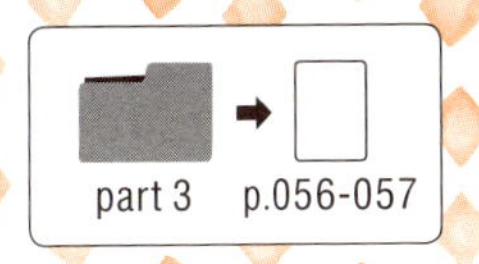

［キーワード］	［文 例］
文字の役割に気付く	つくりかけの砂山トンネルに、「こうじちゅう」と書いておくことで、みんなに伝わることを知った。
標識に関心をもつ	標識には、青と赤と黄のグループがあることに気付き、通園時に見かけるものの数を数えて比べている。
文字に関心をもつ	ひらがなとカタカナの違いに気付き、「か」の「、」がないのが、カタカナの「カ」であることをおもしろがって友達に伝えた。
数量を活用する	栽培しているミニトマトがいくつ実ったか、表に赤い丸シールを貼り、数を書くことを楽しむ。
図形を活用する	ピザをいくつに分けて切ったら、クラス全員で食べられるか、何枚つくるとちょうどよくなるのか、図を描きながら考えた。
標識を活用する	温泉ごっこの際、マークがあるとすぐ分かってもらえると考え、大きな温泉マークの看板をつくった。
文字を活用する	クラスで手づくりかるたをつくる際、自分の名前にある「ね」の字が付く言葉をたくさん集め、楽しい読み札を書きあげた。

9. 言葉による伝え合い

保育士等や友達と心を通わせる中で、絵本や物語などに親しみながら、豊かな言葉や表現を身に付け、経験したことや考えたことなどを言葉で伝えたり、相手の話を注意して聞いたりし、言葉による伝え合いを楽しむようになる。

［キーワード］	［文 例］
絵本に親しむ	絵本が好きで、保育者が読み聞かせた絵本をもう一度手に取り、一人でじっくり読んだ。
物語に親しむ	「エルマーのぼうけん」が好きで、エルマーになった気分で園庭探検を楽しんだ。
豊かな言葉を身に付ける	レストランごっこで店の人になりきり、「何名様ですか」「少々お待ちください」と聞いた言葉を取り入れて使った。
豊かな表現を身に付ける	「すごい」と言った後、「とてつもなくカラフルなところが、すごい」と言い直して笑った。
経験したことを伝える	家族と水族館へ行って見たことや感じたことを、友達に分かりやすく伝えた。

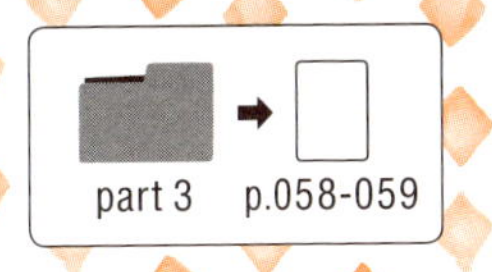

［キーワード］	［文 例］
考えたことを伝える	運動会でやりたい種目を相談する際、一本橋と鉄棒を組み合わせ、最後にすべての用具を一周走ることを提案した。
相手の話を注意して聞く	声の小さい友達が自分の経験を努力して話していた際、うなずきながらしっかりと受け止めていた。
伝え合いを楽しむ	帰りの会で、今日の遊びの様子を友達が話すのを聞き、自分の知っていることも伝え、楽しさを共有している。
言葉に対する感覚を豊かにする	「ボヨヨーン」と「ビヨヨーン」をおもしろがり、ふくらむのは「ボヨヨーン」、伸びるのは「ビヨヨーン」と感じたことを話す。
言葉の楽しさに気付く	「ビル」を伸ばすと「ビール」、「ちず」は「ちーず」になることを知り、身近な言葉を伸ばして楽しんだ。
言葉の美しさに気付く	絵本で出合った「ごきげんよう」という言葉が気に入り、出会ったときや別れるときに笑顔で使っている。
文字で伝える楽しさ	はがきをもらったうれしさから、自分も書こうと五十音表を見ながら返事を書くことを楽しんだ。

10.豊かな感性と表現

心を動かす出来事などに触れ感性を働かせる中で、様々な素材の特徴や表現の仕方などに気付き、感じたことや考えたことを自分で表現したり、友達同士で表現する過程を楽しんだりし、表現する喜びを味わい、意欲をもつようになる。

［キーワード］	［文例］
様々な素材の特徴に気付く	レストランの看板を、細いペンで塗っていた友達に、「クレヨンのほうがいいよ」と教え、一緒に塗り始めた。
様々な表現の仕方に気付く	風の身体表現を行った際、友達の台風の表現から、荒々しい風を表すやり方もあるのだと気付いた。
感じたことを表現する	いも掘りの後、絵を描いたところ、サツマイモの大きさや、土のゴリゴリした感じを筆の太さを使い分けて表現した。
考えたことを表現する	縄跳びで、「しゃがみ跳び」や「えびさがり跳び」など、おもしろいオリジナルな跳び方を考えて友達と楽しんだ。
友達同士で表現する	妖精の役になり、音楽に合わせて妖精らしいダンスを友達と考え、みんなの前で発表することを楽しんだ。

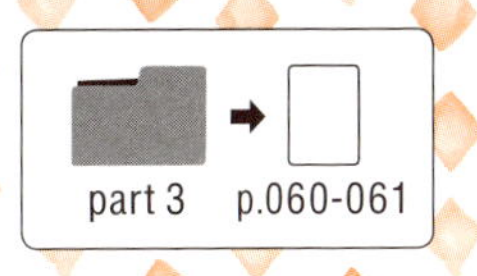

[キーワード]	[文例]
表現する過程を楽しむ	クレヨンの上に絵の具を塗るはじき絵で、クレヨンが浮き出ることを喜び、「シー、バア」と言いながら楽しんだ。
表現する喜びを味わう	土粘土に全身で関わり、友達と一緒に大きな家をつくりあげ、共に喜び合った。
表現する意欲をもつ	ステージごっこで、マイクを持って一人で歌うことに意欲をもち、何度もエントリーして歌った。
素材の違いに気付く	折り紙やコピー用紙、包装紙、厚紙など、いろいろな素材の違いに気付き、紙飛行機にはこれ、カバンにはこれ、と使い分けている。
イメージを豊かにする	雨の日の雲の上をイメージしたところ、たくさんの妖精が雨のしずくを工場でつくる楽しい絵を描いた。
イメージを動きで表現する	ロボットになりきった際に、直角に曲がったり、カクンカクンと手足を動かしたりなど、自分のもつイメージを表していた。
演じて遊ぶ楽しさ	忍者になることを楽しみ、歩き方や言葉づかいなど、なりきって遊ぶ楽しさを味わった。

Q&A

「10の姿」について

Q 5歳児の要録は「10の姿」の項目ごとに書いてはいけないのでしょうか？

A キーワードを使いながら、総合的に書きます

「10の姿」を頭に入れて、子どもの姿をまるごと捉えます。項目ごとに書くと、その姿に子どもを追い込んでしまう危険性があります。何が育ったのかを見極めて、総合的に記述しましょう。

Q 要録には「10の姿」すべてを網羅しなければ、いけませんか？

A すべて網羅する必要はありません

園では子どもが主体的に生きていくための基礎を育て、発達に必要な経験を重ねながら、大きく成長してきたはずです。その成長した部分が「10の姿」のうち、どの項目なのかを見極め、それについて詳しく書きます。保育者のどのような援助によって、どんな姿になったのかを具体的に記します。こま切れの断片の姿では、育ちを十分に伝えることはできないでしょう。

Q 「5領域」と「10の姿」の違いに混乱しています。何が違うのでしょう？

A 「10の姿」は、幼児期の終わりの姿です

5領域の「ねらい」は、幼児期に育みたい資質・能力を、幼児の生活する姿から捉えたものです。その中で、5歳児後半に育まれてくる姿を10項目にまとめたものが、「幼児期の終わりまでに育ってほしい姿」となります。日々の保育ではこの「10の姿」を具体的にイメージしながら援助をしていく必要があるでしょう。

Q 保護者へ「10の姿」を説明する際、どう話せばいいのでしょうか？

A 過度に心配しないよう配慮します

5歳児の3月までに、この「10の姿」が育っていなければならない、という伝え方をすると保護者は動揺するでしょう。小学校へ行って困るのでは、と心配にもなります。具体的な現在の子どもの生活や遊びの姿を取り上げて「これが協同性の姿です」などと分かりやすく示します。保護者にとって、子どもの姿を捉えるよい機会としていきたいものです。

第4章

「保育に関する記録」文例

最終年度の重点

POINT
- 協同的な学びができるように環境をつくります。
- 全員がその姿に近づくように指導します。

- 友達と互いに認め合い、力を合わせて主体的に園生活を進める。
- 目的に向かって工夫しながら、様々な活動に取り組む。
- 友達と思いを伝え合いながら、協力して活動する。
- 人との関わりの中で、役割を考えたり分担したりしながら、活動を進める。
- 友達と感じたことや考えたことを表現し合いながら、いろいろな活動に取り組む。
- 自分で考えたり、友達と力を合わせたりして、意欲的に園生活を送る。

- 自分の気持ちや考えを表現しながら、友達と協力し、共に活動する楽しさを味わう。
- 様々な活動に主体的に取り組み、試したり工夫したりする。
- 生活の中から自分なりの課題をもち、友達と一緒に考えたり工夫したりする。

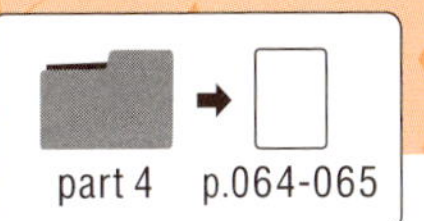

- 様々な経験や活動を通して、行動力、思考力、表現力を養う。
- 園生活に見通しをもち、自分なりに考えを巡らせながら主体的に生活する。
- 身近な人々や事象に積極的に関わり、感謝の気持ちや思いやりの心をもつ。

- 自分のやりたいことや役割を自覚し、責任をもって行動する。
- いろいろな場面で、状況に応じた言動を考え、みんなが気持ちよく生活できるようにふるまう。
- 身近な環境に親しみ、自分たちの生活を楽しくするために工夫して取り入れようとする。
- 生活の中で感動したことを友達と分かち合い、共に高め合う。
- 様々な経験から規範意識を培（つちか）い、人と共に暮らすよさを感じる。
- 自己の力を発揮しながら、物事に意欲的に取り組む。
- 友達と関わる中で、思いやりの心をもって行動する。
- 自分で考え、主体的に動いていく遊びを楽しむ。
- 一人一人が力を出し合い、集団でやり遂げることの喜びを知る。
- 自分の成長に気付き、周囲の人への感謝の気持ちをもつ。

個人の重点

POINT
- 修了までに伸ばしたいことを意識して働きかけます。
- 1年間心がけてきた援助を書きます。

5領域 健康　10の姿 健康

自分の考えや行動に自信をもち、前向きに生活する。

5領域 健康　10の姿 健康 自立

苦手なものにも挑戦していこうという意欲をもつ。

5領域 人間　10の姿 協同

遊びの中で友達とイメージを共有し、目的に向かって取り組む楽しさを味わう。

5領域 人間　10の姿 協同

友達の気持ちを受け止めて、協調して生活する。

5領域 人間　10の姿 規範

様々な遊びを通して、ルールを守ることの大切さを経験する。

5領域 人間　10の姿 規範

人との関わりの中で、集団生活において必要な態度を身に付ける。

5領域 人間　10の姿 規範

5歳児として年上の自覚をもち、年下の子に温かく接する。

5領域 人間　10の姿 自立 協同

友達との連帯感を深めながら、自分の課題に主体的に取り組む。

5領域 言葉　10の姿 言葉

自分の思いや考えを、友達に言葉で伝えていく。

5領域 表現　10の姿 表現

周囲を意識しすぎることなく、伸び伸びと自分を表現する。

5領域 健康 人間　10の姿 健康 自立

最後まであきらめずに取り組み、達成感を味わう。

5領域 健康 人間　10の姿 健康 自立

自分のめあてに向かって意欲的に取り組み、やり遂げた充実感を味わう。

5領域 人間 環境　10の姿 自立 思考

興味をもった遊びにじっくり取り組み、達成感を味わう。

5領域 人間 環境　10の姿 協同 社会

様々な活動に積極的に取り組み、経験を広げるとともに、友達とのやりとりを楽しむ。

5領域 人間 環境　10の姿 協同 思考

自分のアイデアを実現するために材料や遊具を考え、友達と話し合いながら遊びを進める。

5領域 人間 言葉　10の姿 協同 言葉

気の合う友達と思いを伝え合いながら、遊びを進める楽しさを味わう。

5領域 人間 表現　10の姿 協同 表現

遊びの中で友達とのやりとりを楽しみ、自分の気持ちや考えを、いろいろな方法で表す。

5領域 人間 表現　10の姿 協同 表現

気の合う友達と様々な表現を楽しみ、意欲的に活動に取り組む。

最終年度に至るまでの育ちに関する事項

POINT
- 子どもの育ちを理解するうえで重要なことを記入します。
- 入所の頃からの出来事を思い返してみましょう。

3人きょうだい（兄2人）の末娘。好き嫌いを克服

母親の産休明けより入園。両親と兄2人の末娘である。女児一人のため両親や兄からも可愛がられ、園でも自分の思い通りにしようとする一面もある。乳児の頃は好き嫌いが多く、保育者が食べさせることが多かったが、4歳児で箸を使うようになると、進んで食べるようになった。

外国人の両親。兄への期待が強い

両親ともに中国国籍。母国と日本の文化の違いをていねいに伝える必要がある。母親は「日本ではよいことか、悪いことか」を確認することが多く、日本の考え方に合わせようという意識がある。教育熱心で特に兄には期待が強く、本児にはあまり目が行かないので、本児にも目を向けてほしいと機会があれば伝えている。

幼稚園からの転園で、運動好き

4歳児で幼稚園から転園。明るく元気で、園庭でのサッカーやドッジボールなどの遊びが大好きである。全身のバランスを取る能力が発達していて、体の動きが巧みである。自分の気持ちや考えを友達に分かるように説明している。

やんちゃだが甘える面も

8か月より入園。両親、祖父母との5人家族である。人見知りや物おじすることなく元気である。時々保育者に、おんぶを求めたり、嫌なことがあると泣いて訴えてくる一面もある。

保育時間が長く、生活リズムに配慮している

生後10か月より入園。両親と姉との4人家族。保育利用時間が朝7時から夜8時までと長い。両親とは連絡を密にして生活リズムが安定するようにしている。

保育時間は長いが生活リズムは安定

1歳5か月より入園。保護者の仕事の都合で保育時間は長いが、生活リズムは安定している。甘えからか時には登園時に泣いてしまうが、すぐに気持ちを切り替えて元気になる。

双生児の姉、弱視であるが明朗活発

双生児の姉。明るく活発で人なつっこい。自分で何でもできる自信があり、何事にも前向き。2歳児から弱視のためメガネを使用。最近ではメガネを遊具にすることがあるので気を付けている。

双生児の妹、少しずつ体が丈夫になる

双生児の妹。乳児期は風邪を引きやすく休みがちであったが、現在では体調もよい。戸外で活発に遊んでいる。自分のことは自分でできるが、片付けは納得できるまでゆっくり取り組んでいる。

おとなしく友達との関わり方もうすい

2歳児で入園。家庭の中で静かに生活していた様子で、室内で絵本を読んだりすることを好み、おとなしい。自分から話しかけることが極端に少ないので、保育者が仲立ちになって友達と遊ぶことが多い。

ぜんそくあり。4歳児から活発さが増す

2歳児より入園。ぜんそくがあり、園生活の中で何回か入院したことがある。乳児期はおとなしく遊びも控え目であったが、4歳児の頃より活発さが増した。

休みが多い。対人関係は良好

4歳児より入園。年の離れている姉と1つ年下の妹がおり、対人関係はスムーズで友達と関わって遊ぶことが多い。家庭の都合で休むことが多く、つながりをもって活動することが難しいこともある。

一人親家庭、時々は甘えも

2歳児より入園。1年前、両親が離婚して、母、弟との3人家族である。名字が変わったことに多少のとまどいを見せていたが、すぐに慣れた。園では活発で身辺自立もおおむねできているが、時には気持ちが不安定になり、保育者に抱っこを求めたり甘えが強くなったりすることもある。

偏食が少しずつ改善

3歳6か月より入園。入園当初は偏食が多かったが、食事の量を調節することで食べ残しがなくなり自信をもつようになった。

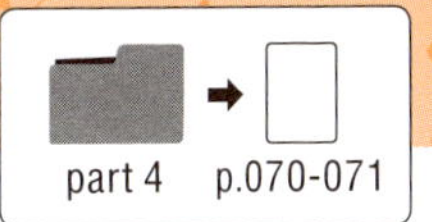

4歳児からの途中入園。保護者が就学に不安そう

4歳児の途中入園。明るく人なつっこい性格のため、子どもはすぐに慣れたが、保護者が就学に対して友達ができないのではと心配している。

祖父母と生活、思いを伝えるのが苦手

2歳5か月より入園。祖父母との3人家族。出生時から母方の祖父母に育てられる。食事や排泄(せつ)などの基本的な生活習慣はほぼ身に付いている。自分の要求や感じたことを自分なりの言葉で伝えたり表現したりすることは苦手だが、保育者に促されると話せる。

少しずつ友達と関われるようになる

2歳8か月から入園。両親と妹との4人家族。年下の妹がいることもあり、世話好きである。少し引っ込み思案なところもあるが、友達に慣れてくると自分から声を掛けている。

母子分離に時間を要した

2歳児より入園。両親、弟との4人家族である。2歳までは家庭で母親と過ごしていたので、人見知りもあり、園生活に慣れるのに時間を要した。身の回りの始末はマイペースであるが、おおむね自分でしている。

父親とコミュニケーションを取る

母親が多忙で連絡が取りづらい場合があるので、連絡帳を利用するだけでなく、父親とのコミュニケーションを取る機会を設けている。

祖父母が送迎し、生活は安定

1歳児より入園。好奇心旺盛で行動的。両親と祖父母との5人家族である。食事の好き嫌いはなく、食べる量も安定している。帰宅の遅い両親に代わり、祖父母が送迎をしており、生活リズムも安定し、落ち着いた生活をしている。

一人親家庭。活発だが協調性が課題

2歳児で入園。母子二人で生活している。活発で衝動的なところがあり、友達に対して命令したり協調しないことがあった。本人が見通しをもてるように保育を工夫し、また肯定的な言葉かけを一つずつ伝えていくうちに、次第に落ち着いて活動に参加するようになった。

父親が外国籍で肌の色を気にすることも

3歳児より入園。両親、妹との4人家族で、父親はアメリカ国籍である。自分の肌の色が他の子と違うと違和感を抱いており、不安になると涙ぐむことが多いが、スキンシップを図ったり一緒に遊んだりして活動が進むうちに活発な動きが見られるようになり、引きずることはあまりない。

4人きょうだいの末っ子、友達に気づかいも

生後6か月より入園。両親と4人きょうだい（本人は第4子）の6人家族である。1～2歳児の頃は友達に対して、ひっかき、かみつきなどが見られたが、3歳児の頃から見られなくなった。家族に愛され育っていることから、今では周りの友達にも優しく気づかう姿が見られる。

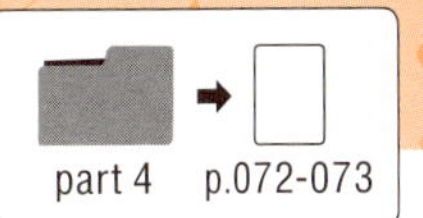

きょうだいが多く、友達に優しい

本園へは3歳児より入園。姉、兄2人、妹との5人きょうだいの第4子。母親の勤務の都合で欠席が多い。友達に優しく、集団遊びの中に加わることで、関わりが深まっている。

苦手なことにも取り組めるようになる

3歳児より入園。両親との3人家族である。母親の勤務時間の都合で休みが多い。苦手なことには抵抗感を見せるが、援助や励ましにより、ゆっくりだが取り組めるようになる。

食物アレルギーがあり献立に配慮

3歳児より入園。食物アレルギー（卵）があり栄養士との話し合いのもと、献立を作成している。本人は自分で食べてよいものと悪いものを自覚し、判断することができる。母親も食事のことを気にかけている。

考えすぎて心配性な面も

2歳児で入園。小学生の兄と2歳児の妹がいる。積極的に集団の中に入っていくタイプではなく、いろいろなことを考えて心配する面もある。年下の子の世話を積極的に行う。

病気がちな母親への配慮が必要

母親が病気がちで朝起きられないため登園が遅れたり、欠席したりする。園での生活の様子を詳しく伝え、母親の負担にならないように行事の予定なども知らせている。

特に配慮すべき事項

POINT
- 子どもの健康状態など、就学後の指導において配慮が必要なことを書きます。

- ぜんそくのため保護者から薬の服用を依頼され、昼食後に毎日飲んでいる。
- きつ音のため、3歳より言語指導を週に1度受けている。本人はそれほど気にしていない。
- 遠視および乱視により、5歳児後半よりメガネを使用している。まだ扱いに慣れていないため、運動するときなど配慮が必要である。
- 食物アレルギー（小麦）があり、給食では除去または代替食を用意している。万が一の誤食のために薬を預かっている。
- アトピー性皮膚炎のため、症状のひどいときは日中もステロイド系の塗り薬を使用している。
- 皮膚が極端に弱く、かきむしった後はとびひになることが多い。虫刺されなどに注意が必要である。
- 寒冷じんましんが出やすいため、気温の変化に合わせて長袖・長ズボンを着用している。発しんが出た際の薬を預かっている。

- てんかん発作があり、薬を服用している。睡眠時に発作を起こすので睡眠チェックを行う。これまで園で発作を起こしたことはない。
- 発熱する（37.5度以上）と、けいれんを起こしやすい。園では2回けいれんを起こし、すぐに保護者へ連絡し受診した。
- 5歳児クラスになってから、便秘ぎみで排泄時間が定まらない。そのため時々腹痛を訴える。
- 排尿の失敗が時々ある。人目につかない場所で着替えるなどさりげない配慮を必要としてきた。
- 緊張したり、気持ちが不安定になったりすると「おなかが痛い」と言うことが多い。その際にはトイレに行った後、保健室で横になっているとたいていおさまる。
- 中耳炎になりやすく、鼻汁はティッシュペーパーでそっとかむように声をかけている。
- 生活リズムが不規則で、朝食抜きで登園することがほとんど。保護者との連携をしている。
- 日光過敏症のため、夏でも長袖を着用して外へ出る。紫外線に長時間あたると、皮膚がどんどん赤くなる。
- 暗い場所や大きな音をこわがる傾向がある。その際にはそばにしばらく寄り添えば、パニックになることはない。

生活への取り組み

POINT
- 生活に見通しをもち、計画的に進めているでしょうか。
- 困難があっても相談して対策を考える生活を支えます。
- 自分の仕事を責任をもってやり遂げる姿を大切にします。

5領域 健康 人間 環境 言葉 表現　10の姿 健康 自立 協同 規範 社会 思考 自然 数字 言葉 表現

休みがちだったが仲間に加われるように

休みがちなので集団生活の経験の大切さを伝え、久しぶりの登園でもとまどわないように、何をしているのかクラスの動きを説明した。年度の後半にはスムーズに仲間に加われるようになった。

5領域 健康 人間 環境 言葉 表現　10の姿 健康 自立 協同 規範 社会 思考 自然 数字 言葉 表現

歯みがきをていねいに

歯が抜け始め、大人の歯が顔をのぞかせていることがうれしく、食後の歯みがきをていねいにするようになった。ときどき鏡に映してチェックしている。

解説
自分の変化に気付くとともに、歯を大切にしようとしています。

5領域 健康 人間 環境 言葉 表現　10の姿 健康 自立 協同 規範 社会 思考 自然 数字 言葉 表現

係に熱心に取り組む

タオル教え係になることを自分で決め、降園準備の後、タオルを忘れている子に声を掛けた。お礼を言われるとさらにうれしくなり、自分の仕事に誇らしい気持ちで取り組んでいる。

解説
友達から感謝されることが係としての責任感や充実感につながっています。

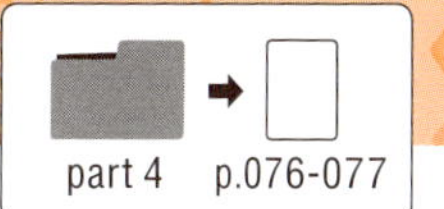

5領域　健康　人間　**環境**　言葉　表現
10の姿　健康　**自立**　協同　規範　社会　思考　自然　数字　言葉　表現

動物の世話係としての自覚

早く遊びたいために、ニワトリの世話がいい加減になることがあった。汚れが残っているとニワトリが病気になる危険があることを伝えると、ていねいに世話するようになった。ニワトリが元気でいるのは世話してくれた人のおかげなのだと、したことのよさを伝えている。

解説　自分が責任をもって世話をしないと動物が病気になると知り、ていねいに世話をするようになりました。

5領域　健康　人間　**環境**　言葉　表現
10の姿　健康　自立　協同　規範　**社会**　思考　自然　数字　言葉　表現

物を大切にする

活発で、かばんをふり回したり引きずったりするので、ボロボロになっている。物は大切にすると長持ちすることをタオルで拭きながら伝えた。ちぎれそうなところは一緒にテープをはって修理すると、園生活を共にした友として、大切にしようとする気持ちになった。

解説　一緒にかばんの手入れをすることで、物を大切にする気持ちが出てきました。

5領域　健康　人間　**環境**　言葉　表現
10の姿　健康　自立　協同　規範　社会　思考　**自然**　数字　言葉　**表現**

飼育動物への優しさ

ウサギ小屋が古くなったことから、自分たちで新しいものをつくりたいという願いをもち、材料置き場から適当な木材を運んでつくり始めた。ウサギが痛くないようにと、やすりをかける姿にも、思いやりの気持ちを感じた。

5領域　健康　人間　環境　**言葉**　表現
10の姿　健康　自立　協同　規範　社会　思考　自然　数字　**言葉**　表現

自分から発言できるようになる

仲のよい友達がいろいろなことを先に話すため、自分から話すチャンスがあまりなかった。そこで、友達が言う前に、自分から話すように促したところ、とつとつとだが話せるようになった。年度の後半には自信をもって発言できるようになった。

5領域：健康・環境　10の姿：健康・社会

見通しをもった片付け

片付けの時間が分かるようになり、区切りのよいところで片付け、続きは明日、と見通しをもつことができるようになった。途中のものは邪魔にならないよう小さくまとめ、他の人に分かるように「せいさくちゅう、さわらないで」と看板を付けるなどの工夫をした。

5領域：健康・言葉　10の姿：健康・言葉

よくかんで食事を楽しむ

1番に食べ終わりたいため、かまないで飲み込んでしまう様子が見られたので、よくかまないとおなかが痛くなることなどを伝えた。また、楽しい話題を話しかけると、箸のスピードをゆるめて話に加わるようになり、次第に楽しく食事することができるようになってきた。

解説：よくかむ大切さを知ると同時に、楽しく話しながら食事ができるようになりました。

5領域：人間・環境　10の姿：自立・自然

係活動の達成感

やきいもパーティーでは、いも洗い係になり、いもを傷つけないよう1本1本ていねいに洗った。友達と「おいしくなあれ」の魔法をかけながら、手が冷たいのもがまんして全部を洗い上げ、達成感を味わった。

解説：係としての責任感をもち、活動に懸命に取り組んで達成感を味わった様子が分かります。

5領域：人間・言葉　10の姿：規範・言葉

小さい子への思いやり

5歳児クラスとしての自覚をもち、年下のクラスへの手伝いも進んで行った。小さい子が分かるように話し方などを工夫し、思いやりの心が育った。

5領域 人間 言葉　10の姿 規範 言葉

あいさつを返そうとする

恥ずかしがることが多く、あいさつを返すのも小さな声しか出なかったので、相手に聞こえないと返事してくれなかったと寂しい気持ちになることを伝えると、意識して返そうとするようになった。

5領域 人間 言葉　10の姿 規範 言葉

年上としての責任感

年下の子に優しくしようという気持ちをもっている。分かりやすく話したり、危ないと思うときは手をつないだりする。年上としての意識や責任感が育っている。

5領域 

10の姿 

数・字

係に工夫して取り組む

カレンダー係になり、行事や毎日の出来事、遊びなどをクラスのカレンダーに記入した。いつも同じ人の話題にならないよう、いろいろな人に聞いて回り、自分なりに工夫して書いていた。

5領域 

10の姿 自立 言葉 表現

発表会での活躍が自信に

人前で発言することにはとまどいがあったが、発表会で堂々と役になりきり、大きな声でセリフを言えたことが自信となった。小学生との交流会でも、遊びの紹介を楽しんで行うことができた。

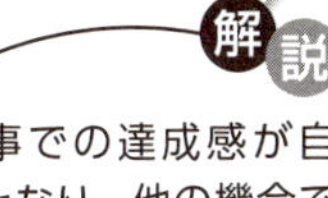

行事での達成感が自信となり、他の機会でも自信をもって発表できるようになりました。

遊びの傾向

POINT
- 自分たちで主体的に遊びをつくりあげているでしょうか。
- 協同的な遊びの中で何を学んだのでしょうか。
- 工夫しながら、より楽しくしようとする姿を記述します。

5領域 健康 人間 環境 言葉 **表現**　10の姿 健康 自立 協同 規範 社会 **思考** 自然 **数・字** 言葉 表現

遊びをつくり出す力が育つ

折り紙を折って風船をつくり、鉛筆で6面に丸を書いて、「サイコロつくったよ」と満足げに保育者に見せた。「すごろくに使えるね」と言うと、友達と一緒にすごろくを描き始めた。イメージがつながり、遊びをつくり出す力が育っている。

5領域 **健康** **人間** 環境 言葉 表現　10の姿 **健康** 自立  **協同** 規範 社会 思考 自然 数・字 言葉 表現

力いっぱい、すもうで遊ぶ

はじめはすもうに消極的だったが、体をぶつけ合ううちに安心感が生まれ、力を出し切れるようになった。また、友達の声援がうれしくなり、進んで取組の列に並ぶようになり、体力もかなり付いてきている。

5領域 **健康** **人間** 環境 言葉 表現　10の姿 **健康** 自立 協同 **規範** 社会 思考 自然 数・字 言葉 表現

みんなでサッカーを楽しむために

サッカーに熱心に取り組んだ。はじめは自分のチームが勝つことが何より大事だったが、みんなが楽しむために大切なことを考えてみた。その後はあまりボールをけっていない子にボールを回すなど、他の人の気持ちも考えてふるまえるようになった。

解説
勝敗だけにこだわらず、どうすればみんなが楽しめるかを考えられるようになりました。

5領域　健康　環境
10の姿　健康

逆上がりに挑戦

逆上がりができる友達をうらやましそうに見ていたが、補助板を出すと自分も挑戦し始めた。2月にはできるようになり、自信を高めた。

解説
やってみようとする気持ちを大切にして認める援助をしたことが、やればできると思うことにつながりました。

5領域　人間　環境
10の姿　規範　社会

友達と一緒に遊ぶよさ

こま回しに熱中し、何度も失敗しながら台の上で回せるようになった。まだ回せない友達に、ひもの巻き方や投げ方を教え、友達ができるようになると自分のことのように喜ぶ優しさがある。「せーの」と言いながら一緒に回すなど、友達と共に遊ぶよさを十分に味わった。

解説
自分ができるようになったことを、友達と共有して楽しもうとする様子が見られます。

5領域　人間　言葉
10の姿　自立　数・字

勝てるように、粘り強く取り組む

かるたで負けると、くやしくて涙が出ることがあった。勝ったり負けたりするから楽しいことを伝え、負けばかり続かないようにメンバーやルールを変える援助をした。強い友達は何度もやっていることに気付き、粘り強く取り組んで、たくさん取れるようになり充実感を味わった。

解説
負けてくやしい気持ちをばねに、何度も取り組んで努力する姿が見られました。

5領域　環境　表現
10の姿　思考　表現

体験を遊びに展開する

夏に体験したキャンプを思い出し、9月にはキャンプファイヤーの遊びを友達と一緒につくり上げた。火の感じを出すために赤いセロハンに光を当てることを考え、懐中電灯の角度や置き方などを工夫した。

5領域　健康　人間　**環境**　言葉　**表現**　　10の姿　健康　自立　協同　規範　社会　**思考**　自然　数・字　言葉　**表現**

劇遊びで工夫して演じる

ピーターパンごっこのフック船長になり、太い声を出して海賊らしくふるまうことを楽しんだ。カギの手をつくりたいと段ボールを使って工夫していた。演じて遊ぶ喜びを経験できた。

5領域　**健康**　**人間**　**環境**　言葉　表現　　10の姿　**健康**　自立　協同　**規範**　社会　思考　**自然**　数・字　言葉　表現

プール遊びに積極的になる

水が苦手だったが、水中氷鬼をした際に友達を助けたい一心で股をくぐり、水に顔をつけることができた。それが自信となり、プール遊びに積極的になった。

5領域　健康　**人間**　**環境**　言葉　**表現**　　10の姿　健康　**自立**　協同　規範　社会　**思考**　自然　数・字　言葉　**表現**

ゲームをおもしろくする工夫

ドングリを転がすゲームをおもしろくするために、釘を打つ方向や道を考えた。ときどき指を金づちでたたき、痛い思いをしながらも粘り強く取り組んで、みんながやりたくなるようなゲームを完成させた。

5領域　健康　**人間**　**環境**　言葉　**表現**　　10の姿　健康　自立　**協同**　規範　**社会**　思考　自然　数・字　言葉　**表現**

遊びをつくり上げる楽しさ

踊ることが好きで、音楽をかけては自分たちで振り付けを考えた。衣装や小道具などもつくり出し、ショーをするまでになった。みんなでアイデアを出し合いながら遊びをつくり上げていく楽しさを味わった。

解説　踊りを考えたり道具をつくったり、アイデアが形になっていく楽しさを体験できました。

part 4 → p.082-083

5領域 健康 **人間** **環境** 言葉 **表現**　10の姿 健康 自立 **協同** 規範 社会 **思考** 自然 数・字 言葉 **表現**

大きな作品づくり

大きな恐竜をつくりたいという願いをもち、厚紙に下絵をかいた。興味をもって入ってきた友達と話し合いながら完成させ、達成感を味わった。年下のクラスの子どもも招き、恐竜と一緒に保育者に写真を撮ってもらうなど、異年齢との関わりも十分できた。

解説　友達と一緒につくったり小さい子と遊んだり、作品を通して人との関わりが生まれました。

5領域 健康 **人間** **環境** 言葉 **表現**　10の姿 健康 自立 **協同** 規範 社会 **思考** 自然 数・字 言葉 **表現**

友達とアイデアを認め合う

お店屋さんごっこでは、ハンバーガーのつくり方で言い合いになったが、相手のよさも認めつつ、それぞれの工夫で豊かな表現ができた。多様な感じ方や表現の仕方があることを知り、物の見方に広がりが生まれた。

解説　意見の違いでぶつかった経験を通し、人によっていろいろな表現があることを知りました。

5領域 健康 **人間** 環境 **言葉** **表現**　10の姿 健康 自立 協同 規範 **社会** 思考 自然 **数・字** 言葉 **表現**

絵本づくりの広がり

絵本をつくることを楽しんだ。人に読んでほしくて図書館を開くことにし、本棚づくりや貸し出しカードづくりなどにも活動を広げていった。たくさんの人が来てくれたことがうれしく、さらに意欲的に絵本をかくことにつながった。

5領域 健康 人間 **環境** **言葉** **表現**　10の姿 健康 自立 協同 規範 **社会** 思考 自然 **数・字** 言葉 **表現**

作品をプレゼントに

マフラー編みを好み、友達と会話を交わしながら何本もつくった。毛糸の色を替えると縞模様になることを楽しみ、美しい配色を工夫した。メッセージを付けてプレゼントするなど、人を喜ばせたいという気持ちも育った。

友達との関係

POINT
- 思いや考えを伝え合う姿を大切にします。
- 目的に向かい、力を合わせようとしているでしょうか。
- トラブルを自分たちで解決した場面を思い起こしましょう。

5領域 健康 人間 環境 言葉 表現　10の姿 健康 自立 協同 規範 社会 思考 自然 数字 言葉 表現

自己主張がやや強い

園生活を楽しんで、様々な活動に意欲的に取り組む。自己主張が強いため、時には友達と対立することもある。気持ちを受け止めた関わりをすることで、冷静に気持ちの整理をして物事のよしあしを判断できるようになりつつある。

5領域 健康 人間 環境 言葉 表現　10の姿 健康 自立 協同 規範 社会 思考 自然 数字 言葉 表現

友達の意見を聞く

友達の意見に耳を傾けることができるようになり、トラブルが起きても折り合いを付けていこうと模索している様子がうかがえる。

解説
自分の意見だけを主張せずに、相手の意見を聞いて調整していく力が育ってきています。

5領域 健康 人間 環境 言葉 表現　10の姿 健康 自立 協同 規範 社会 思考 自然 数字 言葉 表現

友達をなぐさめる

友達が悲しんでいると、そばに寄り添ってなぐさめるという優しさが見られる。自分が悲しかったときに、してもらった経験があるようだ。心を通わせることで、友達の輪を広げている。

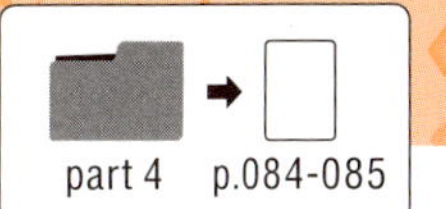
part 4 → p.084-085

5領域：人間　10の姿：規範

友達の力になる

いろいろなことに積極的に取り組むので、友達から信頼されている。困っているときには友達を助けたいという気持ちをもっている。助けてお礼を言われると、さらに自信をもち、力になろうという気持ちを強くしている。

解説 友達を思いやる気持ちが育ち、さらに相手に感謝されることで自信になっています。

5領域：健康　人間　10の姿：健康　規範

弱みを見せられない

都合の悪いことは友達にやらせようとするところがあった。本人の思いを尋（たず）ねながら、ありのままの自分でスタートして、よいと思った行動をしていくのだと伝えた。自分でも考え、先を見据えながら行動しようとしている。

5領域：人間　環境　10の姿：社会

男の子とも仲よく

姉妹の中で育っているためか、男の子との関わりをもとうとしなかった。遊びの中で自然に関わったり、男の子のよさを伝えたりしてきたら、9月には仲のよい男の子の友達もできた。

解説 男の子に抵抗があることを察知し、自然な形での関わりをもたせたことで世界が広がりました。

5領域：人間　環境　10の姿：協同　社会

仲よし以外との関わり

仲のよい友達と二人の世界を大切に過ごすことが多かったが、他の友達のよさを感じられないと思い、意図的に他の友達との関わりが生じる働きかけをした。二人の遊びに数人が加われるようにすると、二人を含んだ大きなグループでのやりとりができるようになった。

解説 二人を引き離すのではなく他の友達を引き入れる援助で、友達関係がスムーズに広がりました。

5領域 健康 **人間** **環境** 言葉 表現　10の姿 健康 自立 **協同** 規範 社会 **思考** 自然 数字 言葉 表現

友達の手助けに感謝

仲のよい友達と二人で段ボールの家をつくっていたが、なかなかうまくいかなかった。困っているのを見た別の二人がアイデアを出して手伝うと、思った以上の家ができた。友達のよさに気付き、感謝の気持ちも伝えることができた。

5領域 健康 **人間** **環境** 言葉 表現　10の姿 健康 自立 協同 **規範** **社会** 思考 自然 数字 言葉 表現

ふざけすぎて迷惑をかける

おもしろいことを言ってみんなを笑わせるムードメーカーだが、ふざけすぎて周囲に迷惑をかけることもあった。本人のよさは認めつつも、どうすればよかったかを本人に問いかけるようにすると、場をわきまえたふるまいができるようになってきた。

解説
子どもに問いかけて本人が考える機会を設けることで、場の雰囲気に対応できるようになりました。

5領域 健康 **人間** 環境 **言葉** 表現　10の姿 健康 自立 **協同** 規範 社会 思考 自然 数字 **言葉** 表現

お互いの思いを伝え合う

自分勝手にふるまうことが多く、トラブルが多かった。相手の気持ちを聞き、自分の思いも伝えることで、どうすれば両方とも楽しく遊べるかを考えていこうとするようになってきた。

5領域 健康 **人間** 環境 **言葉** 表現　10の姿 健康 自立 協同 **規範** 社会 思考 自然 数字 **言葉** 表現

調整役になる

近くでトラブルが起きると、知らん顔をせずに様子を見て、両者の思いを聞いており、「こうすればいいかもしれない」と解決策を出している。自分が力になれることを考えて行動できるようになった。

5領域 健康 **人間** 環境 **言葉** 表現
10の姿 健康 自立 協同 **規範** 社会 思考 自然 数・字 **言葉** 表現

悪口を言う

トラブルになると、くやしまぎれに相手の悪口を言うことがあった。くやしさに共感しつつも、自分がそう言われたらどんな気持ちかを考える機会を設けた。相手に思いを伝えるようにすると、くやしいのは自分だけではなかったことに気付き、悪口を言うことは抑えるようになった。

> **解説** 悪口を言われた側の気持ちや、自分だけがくやしいのではないことに目を向けられました。

5領域 健康 **人間** 環境 **言葉** 表現
10の姿 健康 自立 協同 **規範** 社会 思考 自然 数・字 **言葉** 表現

いろいろな友達との関わり

自分の遊びを邪魔されたくないため、あまり遊んだことのない友達を入れない様子が見えた。いろいろな人と関わってほしいと願い、友達と考えを出し合うと遊びが楽しくなることを伝えると、しぶしぶ受け入れた。そのうちに心が通じ合い、歓声をあげるようになった。

 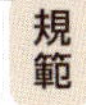 

5領域 健康 **人間** 環境 **言葉** 表現
10の姿 健康 自立 協同 **規範** 社会 思考 自然 数・字 **言葉** 表現

自分の考えを主張

友達に自分の考えを主張できるようになった。10月頃には不当なことに泣きながら抗議する姿が見られた。自分なりにトラブルに立ち向かおうとする気持ちが育っている。

5領域 健康 **人間** **環境** **言葉** 表現
10の姿 健康 自立 協同 **規範** **社会** 思考 自然 数・字 **言葉** 表現

相手の気持ちを考えた言葉

誰にでも自分の考えを伝えることができるが、言ったことを相手がどう思うかは、まだ考えられない。相手の気持ちを考えてから言ったほうがよいことを伝えると、話し始めても途中でやめたり、少しずつ場の雰囲気を読めるようになってきた。

> **解説** 自分の言葉で相手がどんな気持ちになるのかを想像できるようになってきています。

興味・関心

POINT
- 社会の事象に興味・関心をもてたでしょうか。
- 挑戦する遊びに意欲的に取り組む姿を見つめます。
- こだわりをもって調べ、表現した場面を捉えます。

5領域　健康　人間　**環境**　言葉　表現　　10の姿　健康　自立　協同　規範　**社会**　思考　自然　数・字　言葉　表現

時刻の認識

時刻に興味をもち、時計を見ながら発言することが増えた。もうすぐ片付けだと友達に伝えることもある。見通しをもった活動ができるきっかけになっている。

解説：時計を読み取り、時間の認識をもつことで、先を見通した活動ができるようになりました。

5領域　健康　人間　**環境**　言葉　表現　　10の姿　健康　自立　協同　規範　**社会**　思考　**自然**　数・字　言葉　表現

天気予報や気象への興味

テレビの天気予報に興味をもっており、登園すると、朝見た情報を再現する。日中も天気が変わると空をながめて、雲の動きや季節についても興味を広げている。

解説：天気予報への興味をきっかけに、自分でも空や雲を観察する様子が見られます。

5領域　健康　人間　環境　**言葉**　表現　　10の姿　健康　自立　協同　規範　社会　思考　自然　**数・字**　言葉　表現

熱心に文字を書く

9月頃から文字を書くことに熱心になった。書きたい文字が分からないと、掲示してある五十音表の前に立ち、確認してから書く姿が見られるようになった。

解説：文字への興味が深まり、分からないと調べて覚えようとする意欲が育っています。

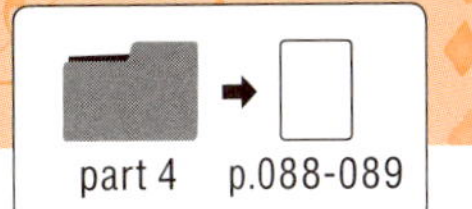

5領域 健康 人間　10の姿 健康 自立

自信がないことを避ける

自信のないことは人前でやろうとせず、避けてしまうところがあった。やればできることを伝え、目立たないところで縄跳びに取り組むことに誘った。やるほどに上達し、友達にも認められるようになり、人前で見せて拍手をもらうことが喜びになってきた。

5領域 人間 環境　10の姿 自立 自然

どろだんごのつくり方を工夫

堅いどろだんごづくりに没頭して、どうすれば堅くなってよく光るかを試行錯誤し、納得できる一つをつくり上げると、みんなに見せて回り、達成感を味わっていた。

5領域 人間 環境　10の姿 社会 自然

虫への興味

虫に詳しい友達が刺激となり、虫めがねや図鑑を持って園庭を歩くようになった。はじめは見るだけで触れられなかったが、秋にはコオロギも自分で捕まえられるようになった。

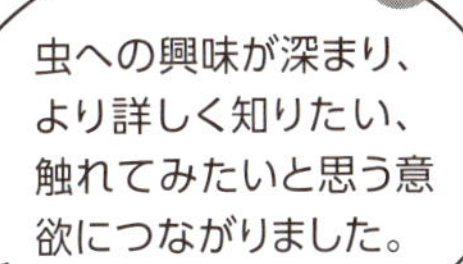

5領域 人間 言葉　10の姿 自立 言葉

言葉遊びを楽しむ

五七五でつくったかるたづくりが楽しかったらしく、自分でつくったノートに、指を折り曲げて数えながらつくった川柳をたくさん書いた。帰りの会には「今日の一句」として発表することもあり、みんなを楽しませた。言葉に対する感覚が育っている。

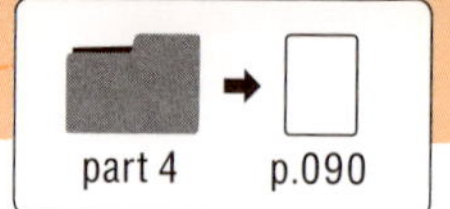

5領域　健康　人間　**環境**　言葉　**表現**
10の姿　健康　自立　協同　規範　社会　思考　**自然**　数字　言葉　**表現**

植物の生長を喜ぶ

自分たちが植えたサツマイモやトマトに関心をもち続け、毎日水やりを行った。花が咲いたとき、実がなったときなど、大きな感動を味わい、全身で喜びを表現していた。

5領域　健康　人間　環境　**言葉**　**表現**
10の姿　健康　自立　協同　規範　社会　思考　自然　数字　**言葉**　**表現**

音への興味の広がり

楽器遊びでは鉄琴に興味をもち、「お星さまの音みたい」と、その音色を十分に味わった。「流れ星の音」「星のケンカ」など、自分で考えた鳴らし方を披露した。音に対するセンスの育ちを感じる。

5領域　健康　**人間**　**環境**　言葉　**表現**
10の姿　健康　自立　**協同**　規範　社会　**思考**　自然　数字　言葉　**表現**

磁石を使って遊ぶ

磁石に興味をもち、砂場で砂鉄を集めたり、クルクル回るおもちゃをつくったりして楽しんだ。友達と共に「手品」と称して、磁石を使った不思議なパフォーマンスをあれこれ考えている姿に、創造力の育ちを感じた。

解説
磁石で遊ぶことから、科学的なものへの興味や新しい遊びを考える創造力が育っています。

5領域　健康　**人間**　環境　**言葉**　**表現**
10の姿　健康　自立　協同　規範　**社会**　思考　自然　数字　**言葉**　**表現**

手づくり絵本を披露

みんなでした紙芝居づくりをきっかけに、絵本づくりを始めた。お話づくりを楽しみ、絵も細かく、ていねいにかいていた。読み聞かせのお姉さん役になり、自分の絵本を見てもらうことで満足感を味わった。

第5章

5領域別文例

健康

ここでは健康の観点から、「体の健康」「生活習慣と生活態度」の2つの項目に分けた文例を紹介します。

体の健康

運動や体を使った遊びなど、体の健康について書いた文例

- 走るのが速く、ほめられるとうれしそうで、自信をもっている。
- 今までできなかった二重跳びや逆上がりなども練習を重ねてできるようになり、それが自信につながっている。
- 気の合う友達3〜4人と一緒に球技や鬼ごっこなど、体を十分に使った遊びを楽しんでいる。

- 運動面では負けず嫌いな面があり、リレーなどに全力で取り組む。
- 走るのが速く、跳び箱が跳べるなど、運動が得意で、意欲的に取り組む。
- ドッジボールなど、体を動かすことが好きで投げる力も優れている。
- 友達と逆上がりに根気よく挑戦している。遊具の安全な使い方をよく理解し、気を付けて使用している。

- 室内遊びを好むことが多かったが、秋頃からはドッジボールなどの集団遊びを重ねることで、運動することに意欲的になった。
- 運動遊びは苦手だったが、運動会をきっかけに自信をもち、体を動かすことを好むようになる。
- 水に触れることが好きで、プール遊びでは水の中に潜ったり泳いだりと、ダイナミックに遊ぶ。

生活習慣と生活態度

望ましい生活習慣がどのくらい身に付いているかを書いた文例

- 基本的な生活習慣は、おおむね身に付いている。
- 身の回りのことは自分でできる。ロッカーの中も常に整理整頓している。
- 食事、排泄（せつ）、着替えなどはほぼ自立しているが、声かけや見守りなどの援助が必要な場合もある。
- 几帳面で、衣服が汚れたら自分から着替える。手洗い・うがい、汗の始末などもていねいに行う。

生活習慣と生活態度

- 自分のペースでよくかんでゆっくり食べているので、完食には時間がかかる。
- 偏食が激しく、嫌いな野菜は口にしようとしないので、一口でも味わえるよう笑顔で関わっている。
- 食欲旺盛であるが、体重の増加が心配なため、よくかむように促し食事の量を調節している。
- 友達と一緒に楽しく食事ができる。嫌いなものでも少しずつ食べようとしている。

- 食事では、急いで食べようとする傾向があるので、ゆっくりとよくかんで食べるように声を掛けている。
- 食事のマナーがよく、きれいな姿勢で食べられる。
- 食事中にふらふら立ち歩いたり、ひじをついて食べたりするので、そのつど声を掛けるなど、援助が必要である。
- その日の天気に合わせて衣服の着脱などを進んで行い、調節している。
- 外遊びの後、手や服などの汚れを気にしないことが多いので、着替えや手洗いを促し、気持ちよさが伝わるようにしている。
- 食後の歯みがきを嫌がり、やらないこともあるので、そのつど声を掛けて見守っている。

- 手洗い・うがいが病気の予防に必要だということをよく理解し、ていねいに行っている。
- 手洗いや汗の始末などを気にせず過ごしているので、清潔を保つ大切さを知らせている。
- 服の着脱の際、前後を間違えることがあったが、前に印を付けると確認して着られるようになった。
- 片付けや整理整頓が苦手なので、一つずつていねいに片付け方を知らせながら見守っている。
- 友達が脱いだままの靴に気付き、自分から進んで靴箱に片付ける姿が見られる。
- 遅く登園すると、生活の流れをすぐに理解できないことがあるが、説明をすればきちんと参加できる。

- 手伝いや当番活動に意欲的に取り組み、最後まで責任をもって行う。
- 物の貸し借りのルールが、すぐには理解できなかったが、何度も経験するうちに分かってきた。
- 遊具の安全な使い方を理解し、気を付けて使用できる。
- 当番活動では、給食の配ぜんや片付け、ぞうきんがけなどを率先して行った。

人間関係

社会性という観点から「自分の力で行動する」「身近な人との信頼感」など、4つの項目に分けた文例を紹介します。

自分の力で行動する

子どもが自分で考え、意欲をもって行動したことを書いた文例

- 食事の後片付け、ぞうきんがけなど、頼まれたことや当番活動などの内容を理解して積極的に行う。
- 保育者の説明をよく聞き、製作活動などへすぐに取り組む。
- 知識が豊富で、はじめてのことや難しいことへ積極的に挑戦し、最後までやろうとする気持ちも強いので、友達から頼られている。
- 当番活動や3歳児の世話、保育者の手伝いなどを進んで行う。
- 同年齢の友達の中では自己発揮しにくいが、年下の友達がそばにいるときには、5歳児らしくふるまっている。
- 友達が床に水をこぼすと、何も言わずにさっとぞうきんで拭くなど、思いやりがある行動をとれる。
- 砂遊びでつくったものを小さな子に壊されても怒ることはない。小さな子だから仕方がないと許す気持ちをもっている。

身近な人との信頼感

保育者や友達と信頼関係をどのように築けているかを書いた文例

- 身近な人（保育者や友達）との関わりが深く、自分の思いを言葉で素直に伝える。
- トラブルがあったときなど、気持ちの立ち直りまでに時間がかかるが、ゆっくりと気持ちに寄り添うと落ち着く。
- 友達に好かれ、周りの状況に合わせることができ、友達の意見も受け入れる。運動会のダンスでは、みんなをリードして楽しんだ。
- 自分の主張をきちんと友達に伝えることができ、また相手の主張も受け入れられる。
- 明朗快活で会話や表現にユーモアがあり、友達や保育者をいつも楽しい気分にしてくれる。

- 正義感が強いが、自分の思うようにいかないときに友達を非難することもある。
- ふだんはとても穏やかだが、自分の思いが強く、時には友達に対して強引になったりカッとしたりすることもある。
- 異年齢の友達とは、あまり一緒に遊ばない。気の合う同じ年齢の友達や、好きな保育者のそばにいることが多い。

身近な人との信頼感

- 大人と関わることが好きで、事務室に来て大人との会話を楽しんでいる。
- 集団での活動ではその時の気分に影響されやすいが、声を掛けるなどの援助をすると参加できることが多い。

友達との関わり

友達との関わりが深まっているか、関わり方などを書いた文例

- 友達と協力してブロックで街を完成させ、つくりあげる喜びを味わった。
- ままごと遊びを好み、経験したことや見たことを再現しながら、友達と役割を決めて楽しく遊んでいる。
- 友達に譲ることができるようになった。ほめられると、とてもうれしそうで自信へとつながった。
- 誰とでもすぐに仲よくでき、こんな遊びをしようと積極的に遊びを提案する。
- 友達を誘って、集団でドッジボールや氷鬼をするなど、ルールのある遊びを好む。
- 仲よしの友達が多く、リーダー的存在である。友達と一緒に考えたり話を聞いたりして、工夫して遊ぶ。

- サッカーやドッジボールなどの体を動かす遊びが大好きで、ルールを工夫しながら、友達と楽しく遊ぶ。
- 自分から友達を誘って集団遊びをしたり、誘われたときには喜んで一緒に遊んだりしている。
- 共同の遊具などを使い、全身を使った遊びをするなど、友達と仲よく楽しんでいる。
- 遊びの中でルールが分からなくなったり、相手の子がルールに従わなかったりすると、納得するまで保育者に尋(たず)ねる。
- 友達と一緒に遊びや活動を楽しんでいるが、自分の思いを通そうとして、言い合いになることがある。
- 感情を抑えることができず、思いが通らないと時には激しく怒ることがある。そのことで泣いた友達には「ごめんね」と謝れる。
- 体を動かす遊びは苦手だったが、5歳児になってから友達に誘われて、縄跳びや鬼ごっこなど、一緒に園庭で遊べるようになった。
- 祖父母と同居していることもあり、昔話や手遊びなどに詳しく、友達に話したり教えたりする。
- 明朗快活であるが、自分から仲間を集めて遊ぶより、誘われて遊ぶことが多い。

友達との関わり

- 4歳児までは保育者の仲立ちがないと友達と遊べなかったが、5歳児になって気の合う友達ができ誘い合うようになった。
- 友達とトラブルになると、信頼する友達に助けを求め、頼ることができる。助け合う喜びや楽しさが味わえるようになった。
- 友達と協調して一緒に遊ぶことができるが、小さなことでトラブルになると、気持ちを整理するのに時間がかかることがある。

望ましい社会生活の態度

人と関わるときの関係のもち方、関わり方について書いた文例

- 困っている友達に自ら気付き、声を掛けたり手伝ったりする優しさがある。
- ルールを守らない友達に、はっきりと自分の意見を言うことができる。

- 友達とトラブルもあるが、自分が悪かったことが理解できると「ごめんなさい」と謝れる、素直な心をもっている。
- 自分の思いを主張するが、相手の気持ちも理解し、会話を楽しむことができる。
- はじめての人には人見知りするが、慣れ親しんだ人には積極的に関わりをもとうとする。

- 自分の思うようにいかないと不満からイライラして、友達とうまく遊べないことがある。
- 散歩に出かけた際には、地域の人や高齢者に進んであいさつする。

- 外国の方とも気軽にあいさつをし、関わろうとする。
- 強い子には従順で、弱い子には強気な面もあるが、友達や年下の子に優しく教えようとする。
- 年下の友達との接し方に慣れていて、優しく接してかわいがるため、とても慕われている。
- 共同の遊具で友達と仲よく遊び、それを大切にしようとする気持ちや態度が育っている。
- 使った遊具を自ら片付け、友達にも「片付けようよ」と声を掛ける。
- 集団行動は苦手だが、1対1でていねいに話すと理解でき、分からない場合には友達に助けを求めながら行動する。
- 人によく見られたいという願望が強く、周りの友達や大人を過剰に意識してしまう面がある。
- 積み木の積み方など危険がありそうな場合、友達に状況や安全な方法を知らせ、危険を回避しようとする。

環境

ここでは興味・関心の視点から、「保育者や友達への関心」「動植物への関心」「文字や数への関心」など7つの項目に分けて文例を紹介します。

保育者や友達への関心

子どもが人的環境のもとで何に興味をもち、どのように関わっているかを書いた文例

- あまり周りの友達に影響されず一人で遊ぶことが多い。自分の時間を楽しんでいる。
- 久しぶりに登園してきた際には、なじむのに少々時間がかかるが、慣れてくると活発に友達と遊び出す。
- 自分の気持ちを伝え、友達の思いも受け入れながら遊びを進められるように、自分なりに考えを巡らしている。
- 紅葉した落ち葉を集めて、お店屋さんごっこを始め、友達と話し合いながらお客さんへのサービスを考えた。

- 自分の気持ちを相手にうまく伝えられずぶつかり合うこともあるが、少しずつ思いを表現しようとする。
- 集団の輪の中に入ることが苦手で、少人数で遊ぶことを好む。気の合う友達と家族ごっこを繰り返し楽しんだ。
- 夏祭りの行事で友達と一緒におみこしをかついだり、太鼓をたたいたりしながら、お祭りの雰囲気を味わって楽しんだ。
- 保育園ごっこでは、保育者の言葉や動きをよく観察しており、それを遊びに取り入れて楽しんだ。
- 好きな保育者のそばで、手伝いや会話を楽しむことが多い。また、他のクラスの保育者への伝言や頼まれごとなどを積極的に行う。

好きなものへの関心

子どもが何を好きで、それとどのように関わっているかを書いた文例

- 友達と共通のイメージをもって遊ぶこともできるが、砂遊びやお絵かき、絵本など、興味のあるものを一人でじっくり遊び込むことを好む。
- 細かいパズルに根気よく取り組み、完成させることができる。
- 文字の読み書きに興味はないが、絵本や紙芝居などを見たり聞いたりすることを好む。

好きなものへの関心

- かわいいものやきれいなものが好きで、登園時に見つけた小さな草花を保育室に飾ることがある。
- 折り紙の本を見ながら、細かい説明図を理解して、ていねいに折ることができる。
- サッカーやドッジボールなどのボール遊びが好きで、一緒に遊ぶ友達にルールや、やり方を教えている。
- ボールの扱いが器用で、高いかごに投げ入れたり、歩きながらボールをキャッチするといった動きなどが得意である。
- 電車に興味をもっており、よく図鑑を見ている。電車の情報や、実際に乗車した経験などを友達や保育者に分かりやすい言葉で説明できる。

自然物への関心

季節や天候など自然物についての興味・関心、関わり方などを書いた文例

- 好奇心が旺盛で、不思議に思ったりしたことは自分から図鑑などを見て調べ、人に伝えようとする。
- 自然物に興味・関心があり、花、虫、鳥などを話題にしたり、自然物を使っての遊びを楽しんだりする。

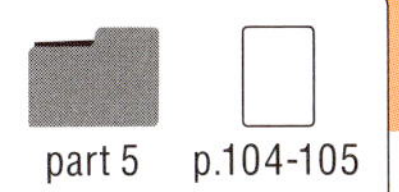

- 落ち葉の上を歩いて音や感触を楽しんだり、手ですくい上げて落ち葉の雨を降らせたりして、秋を満喫していた。

- 友達と落ち葉を集めてセロハンテープで洋服に貼って飾りつけ、互いに見せ合って楽しんだ。

- 空を見上げて雲の行き先を保育者に聞いたり、形を見て「〜に見えるよ」と空想をふくらませたりして会話を楽しむ。

- 「夕日が真っ赤だね、きれいだね」「風が冷たいね」など、空の美しさや風の涼しさ、雲の流れなど、自然の変化によく気付く。

動植物への関心

身近な動植物についての興味・関心、どのように関わっているかを書いた文例

- 飼育している小動物の世話を好み、当番以外のときでも掃除やエサやりなどの手伝いを楽しんで行っている。

- カメの脱皮に気付き、図鑑で調べて古い甲羅が新しくなることを友達に大発見のように説明した。

- 昆虫が大好きで、園庭にいたアゲハチョウの幼虫の様子を毎朝見ては、友達と図鑑などで調べ、どのように変化していくのかを楽しんだ。

動植物への関心

- 虫嫌いで、そばにいると身震いして嫌がる。絵本『はらぺこあおむし』を見てからは少しずつ慣れてきたが、嫌がるときは無理強いしないようにしている。
- 植物に関心をもち、花が咲いたり、実がなったりすると伝えにくる。
- 野菜栽培に興味をもち、「芽が出たよ」「お花が咲いたよ」と、小さな生長の変化を保育者や周囲の友達に知らせている。
- 夏野菜や米の栽培を通して、植物への興味・関心が強くなり、図鑑などを積極的に見るようになった。
- 散歩に出かけた際、ドングリや松ぼっくりなどを拾い集め、コマをつくったり、数合わせをしたりして楽しんだ。
- 園庭で落ち葉や花を見つけては、皿や食べ物に見立てるなど、ままごと遊びに取り入れて楽しんでいる。

身近なものへの関心

好きなものに限らず、身近なものにどのように関わっているかを書いた文例

- はさみの危険について知り、安全に使用することができる。使ったらケースにきちんと入れている。

- 広告の紙などで剣や飛行機などをつくることが好きで、友達ができないところはつくってあげたりしながら、共に遊びを楽しんでいる。
- パソコンや監視カメラの画面に興味があり、なぜ映るのかと何度も質問してくる。仕組みへの関心を大切にしたい。
- 夏は緑のカーテンだったフウセンカズラが茶色になり、中に種があることを発見した。ハート形の模様に驚き「どうしてこうなるの?」と不思議な思いを表現した。
- 特定の音や色に敏感に反応し、嫌がったり不安になったりすると、その場から去ろうとする。そんなときは安心できるよう言葉をかけている。
- 数の数え方が分かるようになり、遊びの中で「1、2」と数えることを楽しんでいる。
- 散歩に出た際、横断歩道の道路標識を見て「お母さんと手をつないでいる絵がかいてある」と言って、このマークが横断歩道を表すことに気付く。
- 絵本コーナーで好きな本を選んで見ていたが、そのうちに知っているひらがなを指でたどりながら楽しそうに声に出し始めた。

文字や数への関心

ひらがな、カタカナ、数字などへの興味・関心について書いた文例

- 文字に対する興味があり、遊びの中で絵本やカードに興味をもって、ゆっくりと文字を使った活動に取り組んでいる。
- 文字に興味があり、自分の思うようにうまく書けないと、何度も消しゴムで消してじっくり書いている。
- 絵本を見ることや友達とのやりとりの中で、数や文字に対して興味をもち、進んで文字を書こうとする。
- かるたの読み手に、自ら進んで取り組んでいる。
- おたより帳のカレンダーの数字に興味をもち、まねしてお絵かき帳などに書いたり、友達と読んだりしながら、数字で遊んでいる。
- ドングリや枯れ葉などの数・量・形に興味をもち、工夫して遊びに取り入れている。
- 数字に興味をもち、カレンダーの数字を数えている。自分の誕生日や家族の誕生日を確かめて日づけを指でさして知らせる。
- おやつに並んだお菓子の数を数えたり、グループの人数を数えたりと、生活の中で数えることを好む。

園内外の行事などへの参加

当番活動や園行事、園外での活動を通しての子どもの成長を書いた文例

- 運動会などの行事に進んで参加し、何事にも一生懸命に取り組む。
- 当番活動の意味が分かり、自分の順番を心待ちにして、意欲的に取り組む。
- 散歩のときに、交通ルールを守って歩く。
- 園外散歩に出かけると、3歳児を気づかい、話しながら手をつなぐ姿が見られる。
- 高齢者施設に行くと、優しく高齢者と接し、楽しく触れ合い遊びをしたり、歌を歌ったりしている。

- 地域の祭りでは、大勢の人の前で自信をもって太鼓をリズミカルにたたいた。
- オペレッタでは、はじめは声も小さく不安げだったが、回数を重ねるたびに自信が出て、本番では堂々と演じた。
- お泊まり保育に参加したことで自信が付き、鉄棒や登り棒などに挑戦するようになった。

言葉

ここでは「話す」「聞く」だけでなく、「文字」を含めた５つの項目に分けた文例を紹介します。

自分の気持ちを話す

自分の思ったことが伝えられているか、伝わるよう保育者がどのように援助したかを書いた文例

- 仲のよい友達と好きなキャラクターの話をしたり、時にはキャラクターになりきって会話をしたりしている。
- 素直でまじめな性格で、困ったことや意に添わないことがあれば泣きながらでも説明する。

- 「ありがとう」「ごめんね」などの言葉を、素直に言える。
- 相手が分かりやすいように、順序立てて話を伝える。
- 誰とでも気軽に話ができ、大人との会話を好む。また、保育者に対して、自分の意見をはっきり伝えられる。
- 友達が間違ったことをしていると保育者に訴えてくるが、自分の困っていることは言えない場合もある。

- 友達とトラブルになると、以前は泣いていて自分の気持ちや意見を言うことができなかったが、現在は気持ちが整理できるようになり、思いを話せるようになった。
- 会話の中で言葉がとぎれることがある。言いたいことがあるのになかなか言い出せず、「あのね、えーと」と言いよどむこともある。
- 自分の気持ちを言葉で表現するのが苦手であったが、5歳児になって遊びの中で笑顔や会話が増し、徐々に自分の思いを言葉で伝えるようになった。
- 子どもらしい親しみを込めたあいさつをする。「ありがとう」「ごめんなさい」など、生活の中で必要な言葉を理解して使っている。

- 運動会のリレーのアンカーで、転んで負けてしまった友達に走り寄り「すごかったよ」と声をかけて励ました。
- 急いで話そうとすると、きつ音になる。話したいという気持ちを受け止め、ゆっくり話すと自分の思いを伝えられると知らせている。
- 自分の思いが適切に表現できない場合は、保育者が代弁しながら話を続けられるよう心がけている。
- 正義感が強く、きまりを守らない友達に強い口調で注意をすると、反対にたたかれてしまうことがあった。落ち着いて自分の考えを言葉にして、優しく友達へ伝えることができるようになった。

自分の気持ちを話す

- 自分の活動に不安を感じた際は、分からないことを言葉にして確かめている。
- まれに乱暴な言葉を使うことがあるので、そのつど、いけないということを伝えると、他の言葉に置きかえるよう心がけている。
- 集団の中では自分の思いが言えないようなので、2～3人の仲のよい友達の中での会話を大切に育ててきた。

言葉のやりとりを楽しむ

人との会話ができているか、うまくやりとりできない子にどのように援助しているかを書いた文例

- 友達が楽しそうに話をしていると、その雰囲気に誘われて輪に加わるが、違う話をすることがある。友達がその話に合わせてくれるとうれしそうにしている。
- 話すテンポはゆっくりである。5歳児になってから、話すことや友達の話を聞くことの大切さを、少しずつ理解できるようになった。
- 人の話を聞いたり、友達と言葉を伝え合ったりすることが少し苦手なので、保育者が仲立ちをしてやりとりの楽しさを味わえるようにしている。
- 早口で言葉が不明瞭であるが、顔を見ながらゆっくりと話すようにすると、落ち着いて話せるようになった。

- 集団の中ではあまり言葉が出ないが、保育者との1対1の関わりでは、簡単な会話をすることができる。

体験や想像を話す

体験や想像したことをどのように話しているか、楽しんでいるかを書いた文例

- 話し始めのきっかけがつかめると、たくさんの思い出を語る。
- 自分の体験したことや意見などを、順序立てて分かりやすく説明する。
- 休みの日などに経験したことを、楽しそうに保育者に話す。
- 園からのお知らせなどを、保護者に伝えることができる。ほめられるとさらに自信をもって話そうとする。

- オペレッタが好きで、喜んで取り組む。友達のセリフまで覚えて、相手が忘れていると教えている。
- 絵本が好きで、「飛行船に乗り、自分の行きたいところに行った」などと、主人公になりきって絵本の続きをイメージして話している。
- 鬼ごっこなどのルールを自分で工夫したりアレンジしたりし、それを友達に分かるように自分の考えを言葉で伝えている。

人の話を理解し行動する

人とどんな内容の話をして、どのように理解し行動しているかを書いた文例

- 集団への指示を理解し、スムーズに行動に移すことができる。
- 失敗に気付くと泣いて保育者に伝えにくることがある。葛藤しているようだが、保育者が「大丈夫」と伝えると立ち直り、再びチャレンジしようとする。
- 自分の気持ちを話し、相手の主張も受け入れて会話を楽しんでいる。また、考えたことを友達にも伝え合い、共感している。
- 保育者の話す内容を理解し、関心を示して行動に移している。
- 保育者の説明や話を集中して聞くことができる。聞いたことに関する理解力もある。
- 友達や保育者に自分のしたいこと、してほしいことなどを伝えられる。また、友達の言うことを理解し、折り合うことができる。

- 保育者の説明などを早とちりして、先走って行動してしまうこともあるが、途中で気付きやり直すこともある。
- 順序やルールの理解力が弱いが、個別にていねいな説明をすると理解して前向きに取り組める。

文字などに興味をもつ

言葉だけでなく、絵本や文字、数字などに興味をもち、どのように関わっているかを書いた文例

- 絵や文字をかくときに時間がかかるので、困っている際には言葉をかけたり、文字を教えたりしている。
- 文字や数字に興味を示し、読み書きを楽しんでいる。
- かるた遊びでは、ゆっくりではあるが札を読む楽しさを味わった。
- 文字を読むだけでなく、聞いた言葉を文字にすることに興味をもっている。
- かるた取りが得意で、読み手になることも好み、すらすらと読む。
- お手紙ごっこを好み、文章を書くことを楽しむ。
- 語彙が豊富で、いろいろな物の名前を知っており、友達同士でしりとりや、言葉探しを楽しんでいる。
- 壁に貼ってある「五十音表」を、友達と指をさしながら交互に読み合う。
- 絵本に興味をもち、友達や年下の子に読み聞かせることで充実感を味わっている。

表現

ここでは「興味・関心」「自分でイメージする」「友達と表現する」などの観点から、3つの項目に分けた文例を紹介します。

様々なものに興味をもち、感じる

子どもが興味をもっていること、その気持ちをどう表したかを書いた文例

- かわいい服装や髪形に興味があり、あこがれも強い。アイドルになりきって遊ぶことを楽しんでいる。
- いろいろなことに興味をもち、疑問に感じると納得いくまで何度も質問する。
- 様々な遊びや活動に興味や関心を示し、積極的に友達や保育者との関わりを楽しもうとする。
- 小学生の兄の影響で、品のない言葉や表現の数え歌をすぐに覚えて友達に広める。よくないことだと分かっているが、周りがおもしろがるので得意になってしまう面がある。
- リズムに合わせて体を動かすなど、音楽や体操が好きで、繰り返し取り組み、喜んで意欲的に表現する。

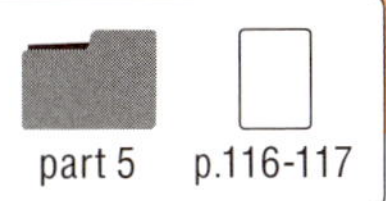

- 発表会で演奏する小太鼓に興味をもち、根気よく取り組んで達成感を味わうことができた。
- 好きな曲が始まると積極的に体を動かしたり、歌を口ずさんだりして楽しんでいる。
- 音楽に合わせて体を動かすことが好きで、「この曲を踊ると何か楽しくなっちゃう」など、気持ちや感じたことを言葉で表す。
- 歌うことが苦手だったが、わらべうたや手遊びには仲よしの友達と組んで、楽しそうに参加している。

- 絵本に興味をもち、ひらがなが読めるようになると、絵本を開いて一人で楽しむ姿も見られる。
- 生活や遊びの中で、時計に興味をもったり、名札を読んだりと、文字や数字への関心が高い。
- のり、はさみなど道具の使い方に興味や関心が強く、使い方がわからないと積極的に尋(たず)ねて吸収している。
- 製作に対して興味が強く、手先も器用で、細かい部分もていねいに工夫してつくっている。
- 製作への興味が強く、絵の具やのりなど、様々な用具を使うことが好きで、表現を楽しんでいる。

様々なものに興味をもち、感じる

- 手先が器用で、ていねいにはさみを使って切ったり、のりで貼ったりして作品を美しく仕上げる。
- 発想が豊かで、新聞紙や広告紙などを細かくちぎって紙に貼り、個性的な模様をつくって楽しんでいる。
- 色水遊びでは、水が様々な色に変わることを発見して楽しんでいた。
- 汚れることを嫌がり、すぐに手を洗ったり着替えたりするなど、水や泥の遊びを好まない。参加せずに近くで見ていたり、他の遊びをすることが多い。
- 水や泥の遊びが好きで、全身でその感触を楽しんでいる。
- 自然への興味や関心が強く、花の香りをかいだり草花に触れたりすることを好む。
- 劇遊びでは、希望したピーターパンの役になり、セリフのやりとりをして、表現することで充実感を味わった。

自分でイメージして表現する

子どもが自ら想像した内容を、どのように表現したかについて書いた文例

- 感受性が豊かで、知的好奇心も強い。夕日を見て「○○先生にも見せてあげたい」と言ったり、対象物を見て細かな発見をしたりする。

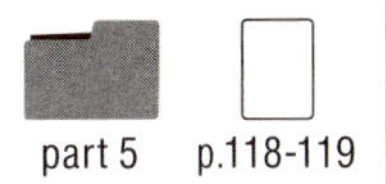

- 文字を書くことや製作などに集中して取り組む。はさみを使った飾り切りなど、細かな作業も工夫を楽しみながらつくっている。
- 文字や絵をかくことが好きで、友達の顔や園で飼っているカメ、ウサギを楽しそうにかき、自分で展示コーナーに飾っている。
- 粘土遊びでは、伸ばす、引っ張る、押すなどの様々な方法を使い、感触を味わいながら楽しんで遊ぶ。
- 絵や字をかくことが好きで、好きな動物の絵や自分の経験したことを手紙に書き、友達や保育者に渡すことを楽しむ。
- 製作などでは、他の子のまねはせず、自分のイメージしていることを自分なりに表現する。
- 製作活動では細かい部分にも自分なりの工夫をし、色を塗る際も模様を考えながら意欲的に取り組んでいる。
- 自分のイメージを製作活動で表現することが好きで、時間を気にすることなく、細かな部分にも熱心に取り組む。
- 描画に取り組む際は、絵の具を混色しながら大胆に筆を使って楽しんでいる。

自分でイメージして表現する

- ブロックを器用に組み立て、剣をつくってはヒーローになりきり、イメージの中で遊んでいる。
- 絵画が得意で、自分の経験したことだけでなく、妖精の国や地下の様子など想像の世界を自由にかくことを楽しむ。
- リトミック遊びでは、曲調に合わせてリズムにのり、体で思いきり表現して遊んでいる。

友達と表現することを楽しむ

友達と一緒に何かをイメージして表現したことを書いた文例

- 友達とのやりとりでは自分の思いが先行しがちなので、保育者が仲立ちとなり、周りの友達と共通のイメージがもてるようにしている。
- 劇遊びでは、友達とイメージを出し合いながら、好きな役になって、セリフのやりとりを楽しんだ。

- 劇遊びでは緊張して言葉に詰まることが多かったが、友達からアドバイスを受けて少しずつ言えるようになり自信をもった。

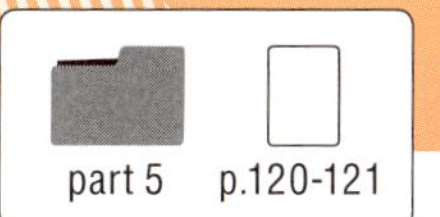

- 友達や3歳児と歌や手遊びで遊び、コミュニケーションを深めながら表現する楽しさを味わっている。
- 友達と共通のイメージをもって楽しく遊び込むことができるが、一人で絵本を読むなど、自分のペースも大切にしている。
- 製作活動の作品で、自分と友達のできばえを比較する傾向が見られたので、本児なりの表現や工夫を認めるようにした。
- 夏祭りのみこしづくりでは、ペットボトルや板を使って、かわいい「動物みこし」づくりのリーダーとして活躍した。
- 友達との遊びの中で、自分の意思をはっきりと分かりやすい言葉で伝えることができる。遊びが合わないときは、自分一人で遊びを考え、楽しんでいる。
- キッチンのカウンターを舞台に見立てて、みんなの前で手遊びを披露した。
- 空の雲を見て、友達と何に見えるか話し合ったり、自分なりにイメージを表現したりして楽しむ。
- 遊びの中でイメージした動物などになりきって、友達と鳴き声をまねしながら一緒に楽しむ。

友達と表現することを楽しむ

- 街をイメージしたクラスの共同製作活動では、率先して道路をかいたり、信号や横断歩道をつくったりしている。
- 人前で表現することが苦手であるが、みんなと共に体を動かして遊ぶ中で、自分の表現をほめられ、みんなで踊ることを楽しめるようになった。
- 鍵盤ハーモニカが得意で、遊びの中で友達に弾く鍵盤を教える。
- 音楽に合わせて新体操のようにひもなどを使って友達と踊ったり歌ったりして、リズミカルに表現することを楽しんだ。
- 運動会のダンスで、曲のイメージに合わせて友達とポーズを考え、動きを楽しんでいる。
- 友達と自分の表現したい言葉にリズムを付けながら歌い、共に楽しむ姿が見られる。
- 掘ったサツマイモを、「長いけど細いよ」「こっちは小さいけど太ってる」など、友達と形や大きさを比べて楽しんだ。
- 大きな落ち葉を拾ってお面にすることを考えつき、友達と遊び出した。

- 冬の日の朝、「恐竜、恐竜、すごいでしょ」と言いながら、息が白くなるのを友達と見せ合い楽しんでいる。

第6章

保育要録の実例と添削

記入例 1 外国籍のAくん

ふりがな		保育の過程と子どもの育ちに関する事項	
氏名	○○A ○ 年 ○ 月 ○ 日生	(最終年度の重点) 友達と互いに認め合い、力を合わせて主体的に園生活を進める。	(特に配慮すべき事項) 4月1日より転入。アメリカ合衆国籍で両親共にアメリカ人。家では英語で話している。母親は日本語をあまり話せない。父親の仕事の関係で、3年間のみ日本に在住となる。 5
性別	男	(個人の重点) 自分の思いを表しながら、友達の思いも受け止める。	
ねらい (発達を捉える視点)		(保育の展開と子どもの育ち)	最終年度に至るまでの育ちに関する事項
健康	明るく伸び伸びと行動し、充実感を味わう。	言葉も、入る手続きも分からないまま、やりたい遊びにいきなり入ろうとするため、友達に「ダメ」と言われることが多かった。そのため「ダメ」という言葉を一番に覚え、何に対してもまず「ダメ」と言うようになった。 1 本人にも周りの友達にも「ダメ」と言われると悲しいことを伝え、「〜したらいいよ」や「残念だけど〜だからダメなんだ」と相手の気持ちを受け止めながら、理由を示すことの大切さを伝えていった。 言葉 2 本児と相談して2学期の帰りの会で、1日に一つずつ英単語をみんなに教える時間をもったところ、「今日はこれにするね」と本児なりにその時間を楽しみにするようになった。 表現 3 みんなも本児を理解し、英語に関心をもつことにつながった。次第に本児のよさがみんなに伝わり、クラスの一員になっていった。 4 日本での体験が、本児にとってよい思い出となるよう心掛けたい。	※5歳児クラスに転入の場合、最終年度にだけ在籍するため、この欄は空白のままでよい。
	自分の体を十分に動かし、進んで運動しようとする。		
	健康、安全な生活に必要な習慣や態度を身に付け、見通しをもって行動する。		
人間関係	保育所の生活を楽しみ、自分の力で行動することの充実感を味わう。		
	身近な人と親しみ、関わりを深め、工夫したり、協力したりして一緒に活動する楽しさを味わい、愛情や信頼感をもつ。		
	社会生活における望ましい習慣や態度を身に付ける。		
環境	身近な環境に親しみ、自然と触れ合う中で様々な事象に興味や関心をもつ。		
	身近な環境に自分から関わり、発見を楽しんだり、考えたりし、それを生活に取り入れようとする。		
	身近な事象を見たり、考えたり、扱ったりする中で、物の性質や数量、文字などに対する感覚を豊かにする。		
言葉	自分の気持ちを言葉で表現する楽しさを味わう。		
	人の言葉や話などをよく聞き、自分の経験したことや考えたことを話し、伝え合う喜びを味わう。		
	日常生活に必要な言葉が分かるようになるとともに、絵本や物語などに親しみ、言葉に対する感覚を豊かにし、保育士等や友達と心を通わせる。		
表現	いろいろなものの美しさなどに対する豊かな感性をもつ。		
	感じたことや考えたことを自分なりに表現して楽しむ。		
	生活の中でイメージを豊かにし、様々な表現を楽しむ。		

幼児期の終わりまでに育ってほしい姿 ※各項目の内容等については、別紙に示す「幼児期の終わりまでに育ってほしい姿について」を参照すること。
健康な心と体
自立心
協同性
道徳性・規範意識の芽生え
社会生活との関わり
思考力の芽生え
自然との関わり・生命尊重
数量や図形、標識や文字などへの関心・感覚
言葉による伝え合い
豊かな感性と表現

※18ページの書式とは項目の配置を変更しています。

外国籍の子どもは、日本語をどのくらい理解しているかを伝えると同時に、保護者についてなど家庭環境の記述も必要です。文化や言葉の違いから不安になる場合が多いので、援助するとともに、友達との橋渡しをする必要もあります。

1 入園時の友達との関わり

入園当初の本児の姿が伝わってきます。具体的な言葉も記述してあり、様子がよく分かります。

2 問題場面での保育者の援助

大切な指導のあり方が示されています。本児や友達に注意するのではなく、言われた側の悲しみを伝えています。また、そんなときにはどのように言えばよいのか具体的に示したことが分かります。

3 10の姿「豊かな感性と表現」の育ち

本児のよさをみんなにアピールする活動となり、本児が生き生き表現する姿が伝わります。

NG 伝わりにくい言葉は避ける

4 「クラスの一員になる」とはどういうことなのか、読み手に伝わるように具体的な姿を書くとよいでしょう。

例 認め、認められる関係になり、いないと困る大切なクラスのメンバーであるとみんなに認識された。

5 家庭環境を記入

保育するに当たって必要な情報は、ありのまま書きます。日本語がどの程度伝わるのかも重要です。

記入例 2 好奇心旺盛なBくん

ふりがな		保育の過程と子どもの育ちに関する事項	
氏名	○○B男 ○ 年 ○ 月 ○ 日生	(最終年度の重点) 友達と互いに認め合い、力を合わせて主体的に園生活を進める。	(特に配慮すべき事項) アトピー性皮膚炎があり、汗をかくとかゆくなる。ぬれタオルで拭くようにしている。
性別	男	(個人の重点) 様々な活動に積極的に取り組み、イメージを共有しながら充実感を味わう。	
	ねらい (発達を捉える視点)		最終年度に至るまでの育ちに関する事項
健康	明るく伸び伸びと行動し、充実感を味わう。	(保育の展開と子どもの育ち) 進級したことがうれしく、新入園児のお世話に進んで出掛けたり、ウサギ小屋の掃除をしたり、 自然 5歳児らしくありたいという思いが行動に表れていた。（1） リレーなどの体を動かす遊びを好み、友達と相談しながらルールをつくったり変えたりしながら遊ぶことを楽しんでいる。はじめは勝つことにこだわり、負けると不機嫌になっていたが、「勝ったり負けたりするから楽しいんだよね」と声をかけると納得したらしく、気分を変えて受け止められるようになってきた。 健康（2） 発表会では自分たちでストーリーをつくっていく劇遊びに魅力を感じ、忍者のいろいろな動きや術を考えながら意欲的に取り組んだ。話し合う場面では、自分の考えを述べたり、友達の思いを聞いたりと、リーダーシップを発揮していた。 協同 表現（3） （4）	2歳7か月で入所。興味があることには熱心に関わるが、周りを見ずに突っ走るため、危険な目に遭いそうなことがあった。 4歳児になると、自分の安全を考えて行動できるようになった。 ダンゴムシやバッタなどの昆虫が好きで、捕まえたり観察したりすることを継続して楽しんだ。（5）
	自分の体を十分に動かし、進んで運動しようとする。		
	健康、安全な生活に必要な習慣や態度を身に付け、見通しをもって行動する。		
人間関係	保育所の生活を楽しみ、自分の力で行動することの充実感を味わう。		
	身近な人と親しみ、関わりを深め、工夫したり、協力したりして一緒に活動する楽しさを味わい、愛情や信頼感をもつ。		
	社会生活における望ましい習慣や態度を身に付ける。		
環境	身近な環境に親しみ、自然と触れ合う中で様々な事象に興味や関心をもつ。		
	身近な環境に自分から関わり、発見を楽しんだり、考えたりし、それを生活に取り入れようとする。		
	身近な事象を見たり、考えたり、扱ったりする中で、物の性質や数量、文字などに対する感覚を豊かにする。		幼児期の終わりまでに育ってほしい姿 ※各項目の内容等については、別紙に示す「幼児期の終わりまでに育ってほしい姿について」を参照すること。
言葉	自分の気持ちを言葉で表現する楽しさを味わう。		健康な心と体
	人の言葉や話などをよく聞き、自分の経験したことや考えたことを話し、伝え合う喜びを味わう。		自立心
	日常生活に必要な言葉が分かるようになるとともに、絵本や物語などに親しみ、言葉に対する感覚を豊かにし、保育士等や友達と心を通わせる。		協同性
表現	いろいろなものの美しさなどに対する豊かな感性をもつ。		道徳性・規範意識の芽生え 社会生活との関わり 思考力の芽生え
	感じたことや考えたことを自分なりに表現して楽しむ。		自然との関わり・生命尊重 数量や図形、標識や文字などへの関心・感覚
	生活の中でイメージを豊かにし、様々な表現を楽しむ。		言葉による伝え合い 豊かな感性と表現

※18ページの書式とは項目の配置を変更しています。

何にでも興味のある子どもです。遊びがおもしろくなるよう工夫するので、その様子が具体的に伝わるように記述しましょう。その子の行動や会話などを日々の記録に残し、生き生きと思い返せるようにしておきます。

1

詳しく書かれていてよい

子どもの姿が生き生きと目に浮かぶ記述で、張り切って活動している様子が伝わります。

2

援助による子どもの変容が描かれていてよい

どのように援助したのかがはっきり分かります。そして、その後の子どもの変容が捉えられていて、心の成長が感じられる記述です。

10の姿「健康な心と体」の育ち

負けたことも前向きに受け止め、心を平静に保てるようになったことは大きな成長といえるでしょう。

3

子どもが力を発揮した姿を伝えている

「個人の重点」に対応している部分です。取り組む様子やリーダーとしてのふるまいが見て取れます。

4

NG 保育者の願いを記入

就学に向けての保育者の思いや願いが加えられると、さらによいでしょう。

例 今後も友達と相談しながら、よりよいものを生み出す経験を重ねてほしい。

5

入所からの姿が把握できる

最終年度における「子どもの育ち」を理解するうえで、必要な情報がきちんと書かれています。

記入例 3　集団遊びが苦手なCちゃん

ふりがな		保育の過程と子どもの育ちに関する事項	
氏名	○○C子 ○年○月○日生	（最終年度の重点） 友達と互いに認め合い、力を合わせて主体的に園生活を進める。	（特に配慮すべき事項） 両親の仕事が忙しいため、祖父母に預けられることが多い。
性別	女	（個人の重点） 相手に思いを伝えたり、相手の思いを受け入れたりして遊ぶ。	
ねらい（発達を捉える視点）		（保育の展開と子どもの育ち）	最終年度に至るまでの育ちに関する事項
健康	明るく伸び伸びと行動し、充実感を味わう。	仲のよい友達との気持ちのすれ違いからトラブルになることがあった。互いに自分の思いを主張するが、相手も本児の思いを聞き入れることが難しいようだった。それでも仲直りしたいという気持ちから、相手の言うことを受け入れようとする姿勢は見られるようになった。 自立	3歳10か月で入所。それまでは静かに家庭で過ごしてきたようで、友達の様子を見ていることが多かった。誘っても、自分からはなかなか行動しようとしない。 4歳児クラスで親しい友達ができ、笑顔が見られるようになった。しかし、相手が強く出るので押し切られることも多いようだった。
	自分の体を十分に動かし、進んで運動しようとする。	発表会では意欲的に劇遊びに取り組み、同じ役の友達と相談しながらセリフや衣装をつくり上げていった。 協同 折り合いを付けながら遊びを進めることができるようになった。 規範	
	健康、安全な生活に必要な習慣や態度を身に付け、見通しをもって行動する。	両親には、お会いした折や連絡帳を通じて、本児の育ちや努力していることなどを知らせるように努めた。時間はあまりとれなくても、抱きしめたり、肯定的な言葉をかけたりして、愛していることを十分に伝えてもらっているようだ。	
人間関係	保育所の生活を楽しみ、自分の力で行動することの充実感を味わう。	これからも様々なことに挑戦しながら経験を広げ、自信をもって生活を楽しんでほしい。	
	身近な人と親しみ、関わりを深め、工夫したり、協力したりして一緒に活動する楽しさを味わい、愛情や信頼感をもつ。		
	社会生活における望ましい習慣や態度を身に付ける。		
環境	身近な環境に親しみ、自然と触れ合う中で様々な事象に興味や関心をもつ。		
	身近な環境に自分から関わり、発見を楽しんだり、考えたりし、それを生活に取り入れようとする。		
	身近な事象を見たり、考えたり、扱ったりする中で、物の性質や数量、文字などに対する感覚を豊かにする。		
言葉	自分の気持ちを言葉で表現する楽しさを味わう。		
	人の言葉や話などをよく聞き、自分の経験したことや考えたことを話し、伝え合う喜びを味わう。		
	日常生活に必要な言葉が分かるようになるとともに、絵本や物語などに親しみ、言葉に対する感覚を豊かにし、保育士等や友達と心を通わせる。		
表現	いろいろなものの美しさなどに対する豊かな感性をもつ。		
	感じたことや考えたことを自分なりに表現して楽しむ。		
	生活の中でイメージを豊かにし、様々な表現を楽しむ。		

幼児期の終わりまでに育ってほしい姿 ※各項目の内容等については、別紙に示す「幼児期の終わりまでに育ってほしい姿について」を参照すること。
健康な心と体
自立心
協同性
道徳性・規範意識の芽生え
社会生活との関わり
思考力の芽生え
自然との関わり・生命尊重
数量や図形、標識や文字などへの関心・感覚
言葉による伝え合い
豊かな感性と表現

※18ページの書式とは項目の配置を変更しています。

3歳児からの入園で、集団遊びの経験不足からくるとまどいにより、子どもは園生活での不安を感じていました。両親が忙しくて祖父母にべったりなど、経験不足が家庭環境と関係のある場合には、記入が必要です。その際は家庭との連携について記述するとよいでしょう。

NG 詳しく書く

1

「気持ちのすれ違い」とはどういうことなのか具体的でないので、子どもの姿が浮かびません。

例 一緒に遊んでいた友達が、他の遊びにしばらく関わって戻ってきた際、さみしい思いをしたらしく、「私は一生懸命お金をつくっていたのに」と不満をもらした。友達も悪気はなく、「ちょっと見に行っただけなのに、なぜ文句を言われるのか」と不機嫌になった。

特定の友達との関係

2

友達との関わりについて具体的に書いてあり、よく伝わります。

10の姿「協同性」と「道徳性・規範意識の芽生え」の育ち

3

劇遊びにおいて互いの考えを共有し、やり遂げた達成感を味わったことが伝わります。また友達と意見が違っても、相手の立場になって考え、自分の気持ちを調整することもできたことがうかがえます。

家庭との連携について

4

保育者が本児の保護者に対して行った働きかけについて書くことも必要です。本児を取り巻く人々のあり方も、本児に大きな影響を与える人的環境だからです。

NG 本児なりの願いを記入

5

誰にでも通用するありきたりな一文です。他の誰でもない本児に対する思いや願いを書きましょう。

例 これからも自分の思いや考えを伝えながら、友達と力を合わせるよさを十分に経験してほしい。

記入例 4 周りの子を気にかけるDくん

ふりがな		保育の過程と子どもの育ちに関する事項	
氏名	○○D太 ○年○月○日生	（最終年度の重点） 友達と互いに認め合い、力を合わせて主体的に園生活を進める。	（特に配慮すべき事項） ハウスダストにアレルギーがある。大掃除などのほこりが出る際は、マスクを着用する。
性別	男	（個人の重点） 自分の考えに自信をもち、力を出し切る。	
	ねらい （発達を捉える視点）	（保育の展開と子どもの育ち）	最終年度に至るまでの育ちに関する事項
健康	明るく伸び伸びと行動し、充実感を味わう。 自分の体を十分に動かし、進んで運動しようとする。 健康、安全な生活に必要な習慣や態度を身に付け、見通しをもって行動する。	飼育動物の世話などに進んで取り組み、【自然】5歳児クラスになった喜びを感じながら生活している。 サッカーが得意で自分たちでチーム分けをしながらゲームを進めている。あまり得意でない友達が入ってきても、ときどきボールを回してけられるような配慮をしている。勝つことだけでなく、みんなが楽しめるように考えて行動している姿に育ちを感じる。【自立】❶ 運動会では応援団長になり、リーダーたちとかっこいい応援の仕方を考えたり応援グッズをつくったりと、張り切って活動した。友達と力を合わせてやるよさを感じ、今まであまり関わったことのなかった友達とも触れ合い、❸お互いのよさを感じることもできた。【協同】 3学期には俳句づくりに熱中し、指を折りながら身近な話題からいくつも考え、カードに書いた。❹書けない字は友達に教えてもらったり、自分も教えたりしながら、共に過ごすよさを十分に味わうことができた。【数・字】❷ 様々な力はあるが、やりたい人が多いと引くところがあるので、自信をもって前に出るように指導してきた。小学校でも力を出し切ることで、次の成長があると思われる。❺	2歳11か月で入所。新しいことには尻込みする傾向があった。友達が行っている様子を見てから、やっとおっかなびっくり入っている。失敗することを嫌がり、安全なほうを選んで進めている。 友達には優しく接することができる。不利益を被っても抗議せず、黙ってあきらめることがある。
人間関係	保育所の生活を楽しみ、自分の力で行動することの充実感を味わう。 身近な人と親しみ、関わりを深め、工夫したり、協力したりして一緒に活動する楽しさを味わい、愛情や信頼感をもつ。 社会生活における望ましい習慣や態度を身に付ける。		
環境	身近な環境に親しみ、自然と触れ合う中で様々な事象に興味や関心をもつ。 身近な環境に自分から関わり、発見を楽しんだり、考えたりし、それを生活に取り入れようとする。 身近な事象を見たり、考えたり、扱ったりする中で、物の性質や数量、文字などに対する感覚を豊かにする。		
言葉	自分の気持ちを言葉で表現する楽しさを味わう。 人の言葉や話などをよく聞き、自分の経験したことや考えたことを話し、伝え合う喜びを味わう。 日常生活に必要な言葉が分かるようになるとともに、絵本や物語などに親しみ、言葉に対する感覚を豊かにし、保育士等や友達と心を通わせる。		
表現	いろいろなものの美しさなどに対する豊かな感性をもつ。 感じたことや考えたことを自分なりに表現して楽しむ。 生活の中でイメージを豊かにし、様々な表現を楽しむ。		

幼児期の終わりまでに育ってほしい姿 ※各項目の内容等については、別紙に示す「幼児期の終わりまでに育ってほしい姿について」を参照すること。
健康な心と体
自立心
協同性
道徳性・規範意識の芽生え
社会生活との関わり
思考力の芽生え
自然との関わり・生命尊重
数量や図形、標識や文字などへの関心・感覚
言葉による伝え合い
豊かな感性と表現

※18ページの書式とは項目の配置を変更しています。

消極的になりがちな子どもには、重ねてきた経験に自信をもたせることが必要です。子どもの姿が抽象的になると第三者に伝わりにくいので、育ちの見られた場面を取り上げ、具体的に書くようにします。

1
本児と友達との関わりを記入

一人一人に対する優しさから、場にいるみんなに対する配慮にまで、育ちの高まりを感じさせます。

2
5領域を見据えた記入

力を出し切ることで人とのつながりや関わりが強くなっていることがうかがえます。5歳児らしい育ちの姿です。

3
人間関係の広がり

仲のよい友達だけでなく、今まであまり関わりのなかった友達との触れ合いから世界が広がったことが分かります。応援団長になったことで、発達に必要な経験が重ねられています。

4
10の姿「数量や図形、標識や文字などへの関心・感覚」の育ち

「5、7、5」の17音を数えながら文字を書く活動を楽しんでいます。友達と共に文字に親しむ経験ができたことが伝わります。

5
今後の課題を書く

園での指導のエッセンスと、就学後の見通しについて述べられています。小学校へ指導をつなぐバトンを渡しているといえるでしょう。

記入例 5　消極的なEちゃん

ふりがな		保育の過程と子どもの育ちに関する事項	
氏名	○○E美 ○ 年 ○ 月 ○ 日生	(最終年度の重点) 園生活に見通しをもち、自分なりに考えを巡らせながら主体的に物事に取り組む。	(特に配慮すべき事項) 乱視のため、メガネを使用している。水遊びの際は、外してもよい。
性別	女	(個人の重点) 自分の考えに自信をもち、友達に伝えようとする。	
ねらい（発達を捉える視点）		(保育の展開と子どもの育ち)	最終年度に至るまでの育ちに関する事項
健康	明るく伸び伸びと行動し、充実感を味わう。 自分の体を十分に動かし、進んで運動しようとする。 健康、安全な生活に必要な習慣や態度を身に付け、見通しをもって行動する。	花係になり、毎日じょうろで花壇やプランターの花に水をやった。友達との会話も増え、植物の生長や変化にも興味をもつようになった。 自然 レストランの遊びでは発言力のある子の勢いに押され、自分の思いを言えないことがあった。メニューのアイデアなどおもしろいことを考えているので、みんなに提案してみるように励ました。(1) セットメニューやサービス券などのアイデアを友達が受け入れてくれたことにホッとし、より意欲的に遊びに取り組むようになった。 思考 (2) やきいもパーティーの際には、たらいの中でいもをよく洗い、ぬらした新聞紙で巻く活動を熱心に行った。 自立 「『おいしくなあれ』の魔法をかけよう」と友達に話し、ほほえみ合った。やきいもパーティーの特別な雰囲気が、気持ちを高揚させたのだろう。(3) よく物事を考え、アイデアも出せるのだが、自分から進んで取り組んだり発言したりすることにためらいがある。(4) 背中を押すような援助や励ましが、これからも必要だと思われる。(5)	3歳2か月で入所。積極的な友達が周りに多かったため、何となく周辺で遊ぶことが多かった。強く言われると黙ってしまい、それ以上、自分を出そうとはしない。トラブルになるよりは、自分の安心できる範囲で遊ぼうとする。周りをよく見ていて、言われたことは守ろうとする。
人間関係	保育所の生活を楽しみ、自分の力で行動することの充実感を味わう。 身近な人と親しみ、関わりを深め、工夫したり、協力したりして一緒に活動する楽しさを味わい、愛情や信頼感をもつ。 社会生活における望ましい習慣や態度を身に付ける。		
環境	身近な環境に親しみ、自然と触れ合う中で様々な事象に興味や関心をもつ。 身近な環境に自分から関わり、発見を楽しんだり、考えたりし、それを生活に取り入れようとする。 身近な事象を見たり、考えたり、扱ったりする中で、物の性質や数量、文字などに対する感覚を豊かにする。		
言葉	自分の気持ちを言葉で表現する楽しさを味わう。 人の言葉や話などをよく聞き、自分の経験したことや考えたことを話し、伝え合う喜びを味わう。 日常生活に必要な言葉が分かるようになるとともに、絵本や物語などに親しみ、言葉に対する感覚を豊かにし、保育士等や友達と心を通わせる。		
表現	いろいろなものの美しさなどに対する豊かな感性をもつ。 感じたことや考えたことを自分なりに表現して楽しむ。 生活の中でイメージを豊かにし、様々な表現を楽しむ。		

幼児期の終わりまでに育ってほしい姿 ※各項目の内容等については、別紙に示す「幼児期の終わりまでに育ってほしい姿について」を参照すること。
健康な心と体
自立心
協同性
道徳性・規範意識の芽生え
社会生活との関わり
思考力の芽生え
自然との関わり・生命尊重
数量や図形、標識や文字などへの関心・感覚
言葉による伝え合い
豊かな感性と表現

※18ページの書式とは項目の配置を変更しています。

自分から積極的に発表したり友達と関わったりするのは苦手ですが、適切な言葉かけやその子に見合った環境の工夫で、楽しんで園生活を送ることができました。援助と変容していく姿を捉えましょう。

保育者の援助を書く

1 「個人の重点」に向けての援助を具体的に書いています。アイデアを認めていることが本児に伝わるので、自信につながったでしょう。さらに励ますことにより、本児の「友達に伝えたい思い」を後押ししています。

集団の中でのふるまいを書く

2 集団の中での動き方や関係の結び方について、5歳児らしい姿が記入されています。

10の姿「思考力の芽生え」の育ち

友達の様々な考えに触れる中で、自分と異なる意見があることに気付き、新しい考えを生み出す喜びを味わい発信できた様子が目に浮かびます。

育ちが見えるエピソードを盛り込む

3 ていねいにコツコツと取り組む本児のよさが伝わるエピソードです。それを「大変な作業」としてではなく楽しくできたのは、パーティーをするという期待感や、環境構成が適切だったためでしょう。楽しいからこそ、「『おいしくなあれ』の魔法」という表現がされたことが伝わります。

今後の課題を書く

4 小学校での生活への橋渡しになる事柄が記入されています。

継続するべき配慮を記入する

5 就学後に配慮すべきことなどを具体的に書き、小学校へつなぎます。

記入例 6 正義感が強いFくん

ふりがな		保育の過程と子どもの育ちに関する事項	
氏名	○○F太 ○年○月○日生	(最終年度の重点) 園生活を意欲的に取り組み、自信をもって自分の力を発揮する。	(特に配慮すべき事項)
性別	男	(個人の重点) 友達との交流を深めながら、相手の立場や思いを知る。	
ねらい (発達を捉える視点)		(保育の展開と子どもの育ち)	最終年度に至るまでの育ちに関する事項
健康	明るく伸び伸びと行動し、充実感を味わう。 自分の体を十分に動かし、進んで運動しようとする。 健康、安全な生活に必要な習慣や態度を身に付け、見通しをもって行動する。	運動神経がよく体を動かすことが好きで積極的である。 健康 戸外遊びではチャレンジ精神も旺盛で、サッカー、ドッジボール、木登りなどを粘り強く楽しんでいる。 園庭で泣いている年下の子どもや、道具の使い方に戸惑っている子の手助けをするなど、生活態度も意欲的で友達から頼られている。❶ また正義感が強く、自分が思うようにいかないときに口調が強くなり、友達から非難されることがあるが、素直に謝る。❷ 動植物の世話など、よく気が付く。「花の芽が出てきた」こと、「鳥が卵を温めている」ことなどを友達にも知らせ、期待をもっている。好奇心旺盛で自分が納得するまで調べたり、試したりする。特に昆虫類の観察眼は鋭い。 自然 ❸ 11月頃には、自分の意見も主張するが、友達の意見をよく聞き、「じゃあ、こうしたらいいんじゃない」と提案するなど、 言葉 友達と一緒に考えたりすることを楽しんでいる。	1歳3か月で入園。3人きょうだいの長男。下のきょうだいは双子で0歳児クラスに入園。2人が気になるようで、クラスへ見に行ったりお世話をしたりなど、兄としての自覚が出ている。❹
人間関係	保育所の生活を楽しみ、自分の力で行動することの充実感を味わう。 身近な人と親しみ、関わりを深め、工夫したり、協力したりして一緒に活動する楽しさを味わい、愛情や信頼感をもつ。 社会生活における望ましい習慣や態度を身に付ける。		
環境	身近な環境に親しみ、自然と触れ合う中で様々な事象に興味や関心をもつ。 身近な環境に自分から関わり、発見を楽しんだり、考えたりし、それを生活に取り入れようとする。 身近な事象を見たり、考えたり、扱ったりする中で、物の性質や数量、文字などに対する感覚を豊かにする。		
言葉	自分の気持ちを言葉で表現する楽しさを味わう。 人の言葉や話などをよく聞き、自分の経験したことや考えたことを話し、伝え合う喜びを味わう。 日常生活に必要な言葉が分かるようになるとともに、絵本や物語などに親しみ、言葉に対する感覚を豊かにし、保育士等や友達と心を通わせる。		
表現	いろいろなものの美しさなどに対する豊かな感性をもつ。 感じたことや考えたことを自分なりに表現して楽しむ。 生活の中でイメージを豊かにし、様々な表現を楽しむ。		

幼児期の終わりまでに育ってほしい姿 ※各項目の内容等については、別紙に示す「幼児期の終わりまでに育ってほしい姿について」を参照すること。
健康な心と体
自立心
協同性
道徳性・規範意識の芽生え
社会生活との関わり
思考力の芽生え
自然との関わり・生命尊重
数量や図形、標識や文字などへの関心・感覚
言葉による伝え合い
豊かな感性と表現

※18ページの書式とは項目の配置を変更しています。

何に対しても積極的で自信がある子どもです。ヒーローでありたい気持ちが強く、相手を許せない場面では、強く出すぎてしまうことがあります。彼らしさが表れる具体的な場面と、保育者がどのように関わったのかを書きます。

NG「個人の重点」に対しての保育者の援助が書かれていない

1

「個人の重点」にある「相手の立場や思いを知る」ようになるために、保育者がどのような援助をしたのかが書かれていません。

例 近くに泣いている子や困っている子がいても知らん顔をしていたので、「どんなことに困っているのか、聞いてみようね」と促した。

NG 子どもの変容をていねいに記入する

2

「正義感が強く」とありますが、どのような場面でそれを発揮したのかが分かりません。口調が強くなるほど信念をもって言ったことだったのに、友達から非難されると素直に謝るというのも状況が分かりづらいです。子どもの気持ちの変容が見えるような記述が望まれます。

例 すべり台の順番を守らず横入りした友達に「だめだよ、後ろに並べよ」と強い口調で言った。友達の説明で、それが誤解であったことが分かると素直に謝った。

10の姿「自然との関わり・生命尊重」の育ち

3

自然に触れて感動する経験を通して、自然の変化などを感じとり好奇心や探究心をもって考え、言葉で表現している様子が伝わります。

家庭環境を具体的に書く

4

きょうだいのことについて詳しく書いてあり、気になって乳児クラスへ出かけていく姿がよく伝わります。弟妹などと、性別が分かるように書いてもよいでしょう。

記入例 7 感情の起伏が乏しいGくん

ふりがな		保育の過程と子どもの育ちに関する事項	
氏名	○○G一 ○ 年 ○ 月 ○ 日生	(最終年度の重点) 友達とイメージを共有し、目的に向かって取り組む楽しさを味わう。	(特に配慮すべき事項) アレルギーがある。 ❹
性別	男	(個人の重点) 相手も自分も楽しくなる方法を探そうとする。	

	ねらい (発達を捉える視点)
健康	明るく伸び伸びと行動し、充実感を味わう。
	自分の体を十分に動かし、進んで運動しようとする。
	健康、安全な生活に必要な習慣や態度を身に付け、見通しをもって行動する。
人間関係	保育所の生活を楽しみ、自分の力で行動することの充実感を味わう。
	身近な人と親しみ、関わりを深め、工夫したり、協力したりして一緒に活動する楽しさを味わい、愛情や信頼感をもつ。
	社会生活における望ましい習慣や態度を身に付ける。
環境	身近な環境に親しみ、自然と触れ合う中で様々な事象に興味や関心をもつ。
	身近な環境に自分から関わり、発見を楽しんだり、考えたりし、それを生活に取り入れようとする。
	身近な事象を見たり、考えたり、扱ったりする中で、物の性質や数量、文字などに対する感覚を豊かにする。
言葉	自分の気持ちを言葉で表現する楽しさを味わう。
	人の言葉や話などをよく聞き、自分の経験したことや考えたことを話し、伝え合う喜びを味わう。
	日常生活に必要な言葉が分かるようになるとともに、絵本や物語などに親しみ、言葉に対する感覚を豊かにし、保育士等や友達と心を通わせる。
表現	いろいろなものの美しさなどに対する豊かな感性をもつ。
	感じたことや考えたことを自分なりに表現して楽しむ。
	生活の中でイメージを豊かにし、様々な表現を楽しむ。

(保育の展開と子どもの育ち)

❶ ウサギ係になり、エサを切ったり小屋を掃除したり、友達と一緒に活動をした。その際、掃除をするよりもエサを切るほうをやりたいため、走って自分のまな板と包丁を確保する行動が見られた。「他の人も、エサを切りたいんじゃないかな?」と話しかけると、嫌な顔をしたが「やりたい人、どうぞ」とゆずることができた。

❷ 回転ずしごっこでは、エアパッキンに赤色の油性ペンで色を塗り、イクラの軍艦巻きづくりを楽しんだ。友達と力を合わせて何点もつくり、お客さんが来るとうれしそうに対応した。友達とイメージを共有し、関わりを楽しめるようになったことをうれしく思う。 協同

❸ なかなか表情が表れにくい。我慢強い点は、よいところでもあるが、感動体験を重ねて、感性を豊かにしながら生活できることを願う。

最終年度に至るまでの育ちに関する事項

3歳児では、一人でいることを好んで友達に興味を示さず、人と関わってもあまり表情に変化が見られなかった。遊びを通して、少しずつ友達との関わりが増えてきている。

幼児期の終わりまでに育ってほしい姿 ※各項目の内容等については、別紙に示す「幼児期の終わりまでに育ってほしい姿について」を参照すること。
健康な心と体
自立心
協同性
道徳性・規範意識の芽生え
社会生活との関わり
思考力の芽生え
自然との関わり・生命尊重
数量や図形、標識や文字などへの関心・感覚
言葉による伝え合い
豊かな感性と表現

※18ページの書式とは項目の配置を変更しています。

人とあまり関わりをもたず、表情の乏しさが気になる子どもです。心を動かす経験ができるように配慮し、その配慮を具体的に書いておくことが望まれます。効果があった援助と、その後の姿を書くとよいでしょう。

NG エピソードを選ぶ

1 保育者がどのように援助したかが分かる書き方です。しかし、保育者に言われて仕方なくゆずったと思われる場面です。より、その子の心の育ちが感じられるエピソードを探したいものです。

例 ウサギを小屋に戻す際、なかなか入ろうとせず困っていたが、近くにいた友達と囲い込んで追い込むのに成功した。友達と力を合わせるよさを感じられたようだった。

「学年の重点」を見据える

2 協同的な遊びの中で、本児がどのように取り組んだのかが分かる記述です。保育者の思いも加えられているので、よく伝わります。

10の姿「協同性」の育ち

友達と関わる中で、思いや考えを共有し共通の目的に向けて、考えたり工夫したり協力したり、充実感をもってやり遂げた姿を具体的に書いています。

指導の引き継ぎへ願いを託す

3 園でも意欲的に感情を引き出す援助をして、それなりの効果も見られましたが、この指導をこれからも続け、より豊かな小学校生活が送れるようにしてほしいとの願いが込められています。

NG 対処法や症状も記入する

4 小学校生活が快適に送れるように、アレルギーの症状など具体的に書きます。

例 ダニやハウスダストに対してアレルギーがあり、くしゃみや鼻水の症状が出る。点鼻薬を使うといくらかおさまる。

保育要録

記入について②

Q 用紙内に記入できません。2枚にしてもいいのでしょうか?

A 内容を吟味して簡潔に書きます

紙を継ぎ足して書くのは、好ましくありません。公文書ですので、用紙内におさめます。あらかじめ書きたい文字量を把握して、文字の大きさや行数などを割り振りしながら、用紙の範囲内に記入します。伝えたいことを簡潔にまとめて記入するという視点が重要です。

Q 保育要録の内容を、保護者へ知らせる必要はありますか?

A 知らせなくても構いません

保護者に対して保育要録にこのような内容を書きます、と伝える必要は今のところありません。ただこの先、情報の開示義務により本人や保護者が要録を見る可能性はあり得ます。仮に将来、本人が読んだとしても、納得できる内容であることが望まれます。保育者が温かい指導をしてくださっていたのだな、と思うことができれば、本人にその後もよい影響を与えられるでしょう。

Q 離婚したのち、再婚したなど家庭状況はどの程度書く必要があるのでしょうか?

A 子どもへ影響あることのみ簡潔に書きます

離婚の理由について書く必要は、まったくありませんが、離婚や再婚によって、住所が変わった、同居する人が変わったということは、子どもの環境にとって大きな変化です。園での姿にも影響が出るかもしれません。

子どもの生活の背景を把握しておくことは、指導者にとって重要です。客観的な事実のみを簡潔に書いておくことが望まれます。

Q 診断を受けていませんが、発達障害かなと思われる子の要録には、疑いがあると伝えていいのでしょうか?

A 事実として判明していることのみ書きます

保育者の単なる憶測は、書くべきではありません。専門家の判断等がなければ、不用意に記述しないと心得ましょう。ただし、保育者がそのように思った子どもの姿は、事実として書いておく必要があります。保育者が関わった際の様子などは詳しく記しましょう。

小学校では、それを引き継いで注意深く関わり、必要があれば受診へとつながるでしょう。

第7章

個人記録の書き方

＼役立つ保育要録のために／

記録がすべての基本

保育要録を記入するには、日々の個人記録が必要不可欠です。
まずは、なぜ記録をする必要があるのかを考えてみましょう。

記録してもう一度考える

子どもたちが降園した後、保育者は保育室の掃除をしながら、落ちている切りくずや、棚の上の製作物や、靴箱の奥に大切に入れられた泥だんごをほほえましく見ながら、その日の保育を振り返ります。そして、一人一人の姿を思い返し、今日の育ちについて考えたり、うまく援助できなかったことを申し訳なく思い、明日はこのように関わろうと心に決めたりするのです。

けれども、そこで終わってはいけません。次には、思ったことや考えたことを記録するのです。記録することにより、ふっと思ったことが消えないばかりか、記述するという思考過程を経て、さらに深く考えることができるのです。

心に浮かんだことを、そのまま日記のように気楽に書いてみましょう。「ゴローちゃんに声を掛けたが、浮かない顔をしていた」、それはなぜだったか、彼はどんな気持ちだったのか、その前の姿や帰る頃の様子を思い浮かべながら、じっくり考えてみるのです。他にどんな援助の方法があったのかも記します。

個人記録の意味

保育者は、かけがえのない子どもたちを教育し、1年後にはよりよい姿へ育てるという任務があります。ですから、毎日でなくてもよいですが、その子の成長の節目には、その姿をきちんと記録しておく必要があります。

子どもがうれしい姿を見せたとき、それを記録することは、保育者にとっても喜びです。けれども、なかなか育ちが見られないという場合もあります。こんなに心を込めて接しているのに、なぜあの子は変わらないのかと悲しくなることもあるでしょう。そんな場合にも、記録は有効です。「こう援助したけれど、子どもの心には届かなかった」と書いているうちに、なぜ届かなかったのか、ハッと気付くことも多いものです。「書く」とは「考える」こと。子どもの表情を思い浮かべながら書いていると、子どもの心が身近に感じられるのです。

記述する＝考える

みんながボール遊びをしているのを見ていたので「一緒に遊ぼう」と声を掛けたが、まだ入る気持ちにはならないようだ。

援助と
子どもの反応を
記述する

個人記録のポイント

生かせる記録の取り方

日々の個人記録は、自分の保育を見直す「ものさし」です。
今日の保育を明日につなげるために、
ポイントを押さえて効果的な記録の取り方を身に付けましょう。

子どもをよく見る

記録を書こうとしても、誰の姿もさっぱり思い浮かばないことがあります。そのような日は、保育者が時間に追われていたり、何かをさせなくてはいけないということにとらわれている場合に起こります。子どもを動かすことばかりに気持ちがいってしまい、一人一人の子どもをよく見ていないのです。

そのような場合でも、子どもが何を楽しんでいるのか、友達とどのような言葉を交わしているのかなど、子どもをよく見ていれば書けるはずなのです。今日はよく見られなかったと感じたら、明日はよく見ようと意識できるでしょう。そういうことの積み重ねで、生かせる記録が書けるようになるのです。

子どもたちが何を楽しんでいるのか

友達とどのような言葉を交わしているのか

子どもをよく見ることの積み重ねが、生かせる記録を書く力に

その日に書く

どんなにうれしい姿を見つけても、いろいろと保育について考えても、その日のうちに記録を書かなければ、残念ながら価値は半減します。職場を離れてプライベートな空間で時を過ごし、さらに一晩眠ったら、昨日考えていたことなど、その多くは忘れてしまっているからです。

あの瞬間のあの子の表情、周りの様子はできるだけたくさん思い出せる状況の中で、記録しておくことが一番です。うれしいことに、記録したものはフリーズドライされたように、忘れた頃に読み返しても、その日の様子がありありとよみがえるのです。ですからそんなに時間をかけなくても、その日の出来事をその日のうちに書くトレーニングが必要です。毎日書いているうちに要領がつかめてくるはずです。

＼負担にならない／

＊記録の取り方＊

アイデア 1 環境構成図を利用して

環境構成図に、子どもたちの遊びの様子を書き込んでいく方法です。頭の中に映像として浮かんだ姿を写し取っていくので、思い出しやすく、また意図的につくった環境に子どもたちがどのように関わったかを検証するのに適した方法です。

アイデア 2 キーワード・メモ

小さめのメモ用紙に、見つけたエピソードのネタを忘れないように書いておく方法です。

例えば、

- **先生のお隣がいいの（子どもの言葉をそのままに）**
- **砂場のトラブル。ケンとタケシ（キーワードで記録）**
- **しっぽとり・入りたいアイの作戦（タイトル風に）**

それを見たら、「ハハーン、あのことだ！」と自分で思い出せるようにしておくのです。時間が経つと印象が薄くなってしまいます。保育要録に活用しようと思うものは、早めに文章に起こしましょう。

アイデア 3 視点別に拾ってみる

子どもたちが生活の中で見せる姿を、何が育っているかで分類して、表の中に記入していくスタイルです。まだはっきりしなくても関連がありそうな項目に書いていけば、あとで役に立つことが多いでしょう。

4項目

○月○日～			
生活	遊び	友達	興味

5領域

○月○日～				
健康	人間関係	環境	言葉	表現

10の姿

○月○日～									
健康	自立	協同	規範	社会	思考	自然	数字	言葉	表現

エピソードを書く

子どもの育ちが見られてうれしかった場面や、なかなか子どもが思うような方向に伸びず問題があると思う場面を、詳しくエピソードの形で書き残しておきましょう。そうすると、そのうれしい育ちを支えたものは何だったのか、どのような環境が有効に働いたのか、その子の心の中に何があるのか、その子がかたくなになるのはなぜなのかなどを、深くその状況から考えることができます。

まず、事実を詳しく書きます。その子の表情やしぐさや言葉、また、周りの子の様子、保育者の関わりなど、できるだけリアルに記入します。

右のページの2つのケースを見てみましょう。同じように絵をかこうとしない子どもに、同じように援助しています。ケース1では援助が効を奏して子どもは絵をかき始めますが、ケース2では子どもが怒り出して椅子をけとばしてしまいます。

なぜこのような結果になったのか、それぞれについて考えてみる必要があります。それにはまず、事実を詳しく書き起こしてみることが大切です。

それぞれのケースの矢印の下に、エピソードを文章で載せています。思い起こせる範囲で、表情や様子がよく分かるように記述しています。この作業が次の考察につながっていくので、子どものその時の気持ちに思いを馳せながら、ていねいに書きます。

ケース1 ウサギの絵をかくなつき

ケース2 絵をかかないひろと

エピソード1

遠足の絵をみんなでかいたとき、なつきはなかなかかき出せない様子だった。そこで「なっちゃんは、どんな動物を見たか覚えている?」と尋ねたところ、「えっと。ゾウとウサギ」と答えた。「ウサギは抱っこしてみた？」と問うと、目を輝かせて「フワフワだよ」と語り始めた。そして「ウサギ、かこうっと！」と言って、クレヨンを動かし始めた。

➡ P147へ

エピソード2

遠足の絵をみんなでかいたとき、ひろとはなかなかかき出せない様子だった。そこで「ひろくんは、どんな動物を見たか覚えている？」と尋ねても、表情を変えず答えない。思い出しやすいように、「ゾウも、ウサギも、いたね」と言うと、いきなり立ち上がり、けわしい表情で「ぼくかかない！」と言って椅子をけとばした。

➡ P147へ

考察により援助の意味を探る

エピソードを書いたら、次はいよいよ考察です。自分の援助によって子どもたちがどのような経験をすることになったのか、考えてみます。そして、子どもの成長にプラスになった援助については、何がよかったのか、子どもにどんな作用をしたのか、援助の意味について考えてみます。

反対に援助してうまくいかなかった場合は、その援助から子どもはどのようなメッセージを受け取ったのか、どんな気持ちになったのかを推察し、他にどのような援助の可能性があったか、今ならどう援助するかを書いておくとよいでしょう。

右ページのケース1について考えてみましょう。なつきちゃんには保育者の援助が有効に働きました。なぜ有効に働いたのか、保育者の援助が子どもにどのように受け止められたのかを、子どもの気持ちを読み取りながら探ってみます。

じっとしていたなつきは、何をかいたらよいのか分からなかったのではないか。この場合は、「どんな動物を見たか覚えている?」という保育者の問いかけにより、なつきの頭の中にいろいろな動物の姿が浮かんできたと思われます。『遠足の絵』では漠然としていたものが、『遠足で見た動物』と焦点化され、その中でさらに「ウサギ」に絞り込むという作用を引き起こしたわけです。

ケース2では、なぜ援助が空振りに終わったのかを考えてみましょう。子どもを不機嫌にさせた要因を挙げて検討していくうちに、ハッと気づくことも多いものです。このケースでは、遊びを中断されたことへの不満であると思い当たっています。不満を感じているひろとくんには、保育者の問いかけは不愉快であり、怒りを爆発させる引き金となったのでしょう。

このように、エピソードを書いて考察することは、保育要録を書く際の助けになるばかりか、保育力をアップさせるのに最も有効な方法の一つになるのです。

ケース1 効果を発揮した援助

ケース2 うまくいかなかった援助

エピソード1の考察

保育者の「なっちゃんは、どんな動物を見たか覚えている？」という問いは、「遠足の絵」という漠然としたものの中から、動物園で見た動物の一つ一つを思い出すきっかけとなったと思われる。動物名を言いながら、その動物を思い浮かべることができるようになり、ウサギをかこうと決めることができたのだろう。

エピソード2の考察

なぜかく気にならないかを考えたところ、片付けになり、砂場の穴掘り遊びが中断されたのが不満だったのではないかと思い当たった。活動をボイコットすることで怒りを表したのだろう。これからは、子どもが満足感を得られるような遊びの締めくくりと、次の活動への楽しい導入を工夫しなければと思った。

見落としている子どもはいないか

毎日、心に残ったことを記録していても、1週間に一度も登場しない子どもがいるかもしれません。あまり保育者の目に入らない子どももいるものです。そこで、週に一度は名簿でチェックしましょう。自分の見え方を確認し、名前が出てこない子を次の週に重点的に見るようにします。「この子は今こんなことに興味をもっていたんだな、ここが育っているんだな」ということをしっかり把握し、記録に留めておくことが大切です。

1日のうちにクラス全員の育ちを把握して記録することは、ベテランの保育者でもできません。「今日はこの子を見よう」と数人を意識して保育することで、その育ちが見えてくるようになるのです。

記録をチェック（1週間に一度）

記録が少ない子を次週は意識して見る

クラス全員の育ちを把握

モレのない記録へ

次の日につなげる

指導計画は、①前日の子どもの姿、②ねらい、③内容、④環境の構成、⑤予想される子どもの活動、⑥援助のポイント、の6項目が必要です。

「目の前の子どもの姿からねらいを立て、ねらいに迫るために経験させたい内容を考え、そのための環境は…、子どもがこうなった場合の援助の方法は…」と順に考えます。今日は充実していなかった○○ちゃんにはこのように対応しよう、ということも書いておきたいものです。

このような継続した指導の下で、子どもは成長し、変容していきます。子どもの姿と、保育者はどのように指導をしてきたのかということが、保育要録の要となるわけです。

保育実践

記 録・考 察

次のねらいを考える

ねらいに即した内容を考える

環境構成・援助の
ポイントを考える

＊ 記録用紙のアイデア ＊

1日の保育後に30～40分で書けるシートです。「生活の流れ」は前日に書いておき、変更があれば、赤字で書き込むようにすると、日案も兼ねられます。1日1シート分を埋められるように書く努力を続けると、書く力も、子どもを見る力も確実にアップするでしょう。

○月○日（○曜日）　○○ぐみ				㊡あきこ（風邪）
時 間	生活の流れ	子どもの姿と援助	環境の構成	個人メモ
				秋山ヒカル
				上田洋
			自由記述	

個人メモ
子ども一人一人の姿を思い浮かべ、印象的だったことを書く。「せきが出ていた」「積み木遊びでロケットづくり」など、思い付いたことを何でもメモ。

自由記述
特に印象に残ったことを書く。大きなトラブル、うれしい場面、腹が立ったことなど、日記を書いているつもりで気楽に書く。他人には見せないので、発散するつもりで書くとスッキリ！エピソードもここに書く。

一人一人の育ちを見つめられるように、一人に1枚用意する個人シートです。その日に特に気になった子どもについて、育ちが見えた子どもについて、その日のうちに詳しく記入しておきます。また、学期末などに、日々の記録を見返して、その子が登場するエピソードや姿を探し、転記しておくと、その子の育ちがすっきりと浮かび上がってきます。個人面談などの資料としても便利です。

栗山実久			
遊び	生活	友達	興味・関心

各項目　日付を書いておくと、たくさんの項目が並んだ際に時期による育ちが見えてくる。

CD-ROMの使い方

本書に付属のCD-ROMには、様式の参考例(Word／Excel／Pdf)のデータと文例のテキストデータが収録されています。
CD-ROMをお使いになる前に、下記の注意点などをご確認ください。

CD-ROM 取り扱い上の注意点

●付属のCD-ROMをご使用いただくには、お使いのパソコンにCD-ROMドライブ、またはCD-ROMを読み込めるDVD-ROMドライブが装備されている必要があります。

●CD-ROMの裏面に傷をつけると、データが読み取れなくなる可能性がありますので、取り扱いには十分ご注意ください。

●付属CD-ROMに収録されているデータは、WordまたはExcelの使い方を理解されている方を対象に制作されております。基本操作につきましては、それぞれの解説書をお読みください。

●付属のCD-ROMに収録されているデータの使用方法についてのサポートは行っておりません。

●本書では、Windows10上でMicrosoft Ofiice Word 2016を使った操作手順を紹介しています。お使いのパソコンの環境により、操作方法や画面表示が異なる場合があります。また、お使いのパソコンの環境によっては、レイアウトなどが崩れて表示される場合がありますので、ご了承ください。

●作成した書類を印刷するには、お使いのパソコンに対応したプリンタが必要です。

●付属のCD-ROMを使用したことにより生じた損害、障害、その他いかなる事態にも、弊社は一切責任を負いません。

※Windows、Microsoft Ofiice Wordなどは、米国Microsoft Corporationの登録商標です。本書では、商標登録マークなどの表記は省略しています。

本書掲載およびCD-ROM収録の文例に関する使用許諾

●本書掲載およびCD-ROM収録の文例の著作権・使用許諾権・商標権は、弊社および著作権者に帰属します。

●本書掲載およびCD-ROM収録の文例は、営利目的ではご使用できません。ご購入された個人または法人・団体が営利を目的としない書類を作成する場合のみ、ご利用できます。

●本書掲載およびCD-ROM収録の文例を複製し、第三者に譲渡・販売・貸与・頒布（放送やインターネットなどを通じたものを含む）することは禁じられています。

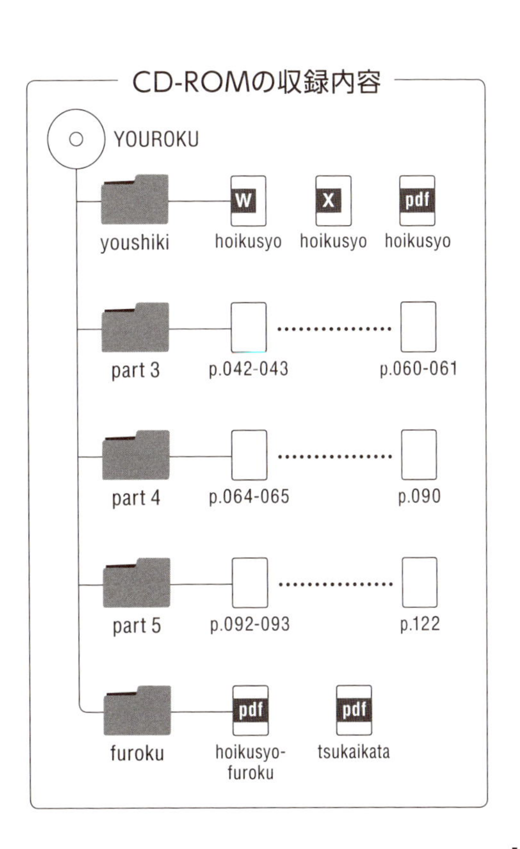

様式のデータについて

＊ 保育所

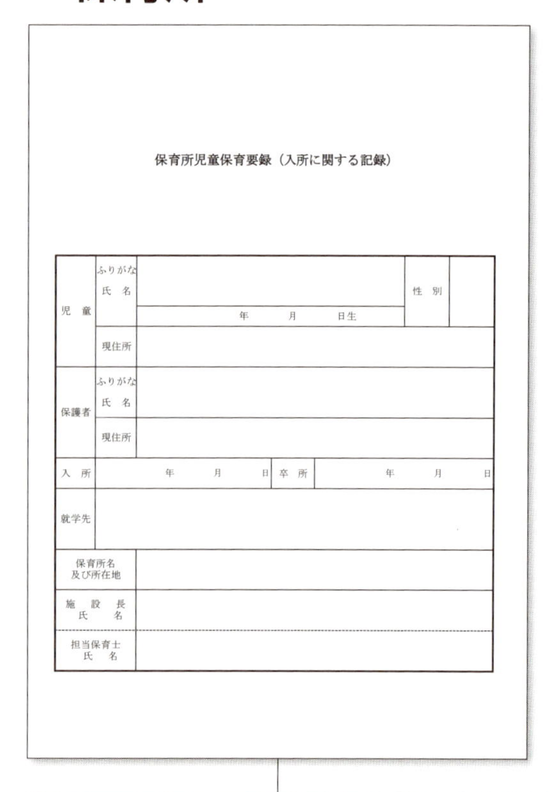

保育所児童保育要録（入所に関する記録）

児　童	ふりがな 氏　名		性　別	
		年　　月　　日生		
	現住所			
保護者	ふりがな 氏　名			
	現住所			
入　所	年　　月　　日	卒　所	年　　月　　日	
就学先				
保育所名 及び所在地				
施　設　長 氏　　名				
担当保育士 氏　　名				

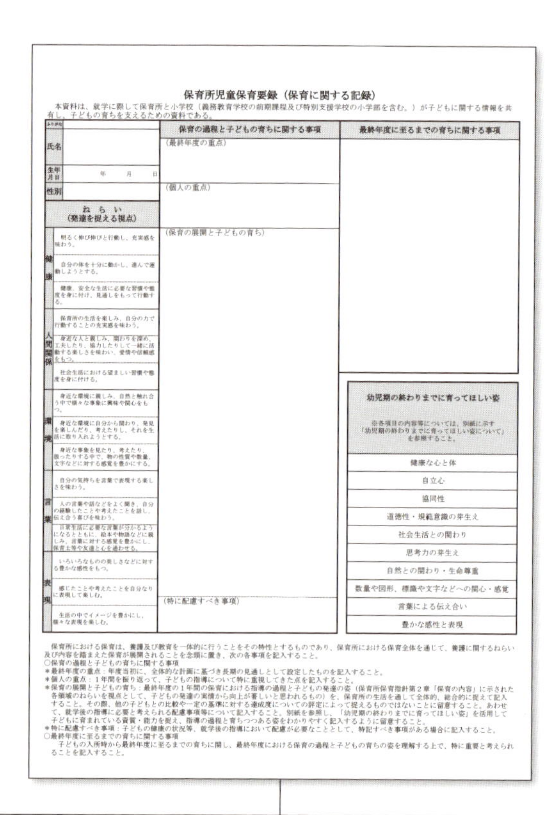

保育所児童保育要録（保育に関する記録）

本資料は、就学に際して保育所と小学校（義務教育学校の前期課程及び特別支援学校の小学部を含む。）が子どもに関する情報を共有し、子どもの育ちを支えるための資料である。

		保育の過程と子どもの育ちに関する事項	最終年度に至るまでの育ちに関する事項
ふりがな		（最終年度の重点）	
氏名			
生年月日	年　月　日		
性別		（個人の重点）	
ねらい（発達を捉える視点）		（保育の展開と子どもの育ち）	
健康	明るく伸び伸びと行動し、充実感を味わう。		
	自分の体を十分に動かし、進んで運動しようとする。		
	健康、安全な生活に必要な習慣や態度を身に付け、見通しをもって行動する。		
人間関係	保育所の生活を楽しみ、自分の力で行動することの充実感を味わう。		
	身近な人と親しみ、関わりを深め、工夫したり、協力したりして一緒に活動する楽しさを味わい、愛情や信頼感をもつ。		
	社会生活における望ましい習慣や態度を身に付ける。		
環境	身近な環境に親しみ、自然と触れ合う中で様々な事象に興味や関心をもつ。		幼児期の終わりまでに育ってほしい姿 ※各項目の内容等については、別紙に示す「幼児期の終わりまでに育ってほしい姿について」を参照すること。
	身近な環境に自分から関わり、発見を楽しんだり、考えたりし、それを生活に取り入れようとする。		健康な心と体
	身近な事象を見たり、考えたり、扱ったりする中で、物の性質や数量、文字などに対する感覚を豊かにする。		自立心
言葉	自分の気持ちを言葉で表現する楽しさを味わう。		協同性
	人の言葉や話などをよく聞き、自分の経験したことや考えたことを話し、伝え合う喜びを味わう。		道徳性・規範意識の芽生え
	日常生活に必要な言葉が分かるようになるとともに、絵本や物語などに親しみ、言葉に対する感覚を豊かにし、保育士等や友達と心を通わせる。		社会生活との関わり
表現	いろいろなものの美しさなどに対する豊かな感性をもつ。		思考力の芽生え
	感じたことや考えたことを自分なりに表現して楽しむ。		自然との関わり・生命尊重
		（特に配慮すべき事項）	数量や図形、標識や文字などへの関心・感覚
	生活の中でイメージを豊かにし、様々な表現を楽しむ。		言葉による伝え合い
			豊かな感性と表現

保育所における保育は、養護及び教育を一体的に行うことをその特性とするものであり、保育所における保育全体を通じて、養護に関するねらい及び内容を踏まえた保育が展開されることを念頭に置き、次の各事項を記入すること。
○保育の過程と子どもの育ちに関する事項
＊最終年度の重点：年度当初に、全体的な計画に基づき長期の見通しとして設定したものを記入すること。
＊個人の重点：１年間を振り返って、子どもの指導について特に重視してきた点を記入すること。
＊保育の展開と子どもの育ち：最終年度の１年間の保育における指導の過程と子どもの発達の姿（保育所保育指針第２章「保育の内容」に示された各領域のねらいを視点として、子どもの発達の実情から向上が著しいと思われるもの）を、保育所の生活を通して全体的、総合的に捉えて記入すること。その際、他の子どもとの比較や一定の基準に対する達成度についての評定によって捉えるものではないことに留意すること。あわせて、就学後の指導に必要と考えられる配慮事項等について記入すること。別紙を参照し、「幼児期の終わりまでに育ってほしい姿」を活用して子どもに育まれている資質・能力を捉え、指導の過程と育ちつつある姿をわかりやすく記入するように留意すること。
＊特に配慮すべき事項：子どもの健康の状況等、就学後の指導において配慮が必要なこととして、特記すべき事項がある場合に記入すること。
○最終年度に至るまでの育ちに関する事項
子どもの入所時から最終年度に至るまでの育ちに関し、最終年度における保育の過程と子どもの育ちの姿を理解する上で、特に重要と考えられることを記入すること。

hoikusyo

hoikusyo

hoikusyo

※1ページ目に「入所に関する記録」、2ページ目に「保育に関する記録」、3ページ目に「幼児期の終わりまでに育ってほしい姿について」が入っています。

データの活用方法

Word

各項目の欄に、テキストを入力して使用します。詳しい使い方について、153ページから説明しています。

※97-2003の形式のデータも収録しています。

Excel

各セルに、テキストを入力して使用します。テキストファイルからのコピー方法は、Wordの場合と共通です。

※97-2003の形式のデータも収録しています。

Pdf

印刷をして、手書きで書き込みます。アドビシステムズ社の公式ウェブサイトより、Acrobat Reader（無償）をダウンロードして、ご使用ください。

使い方の手順

❶ CD-ROMを挿入する

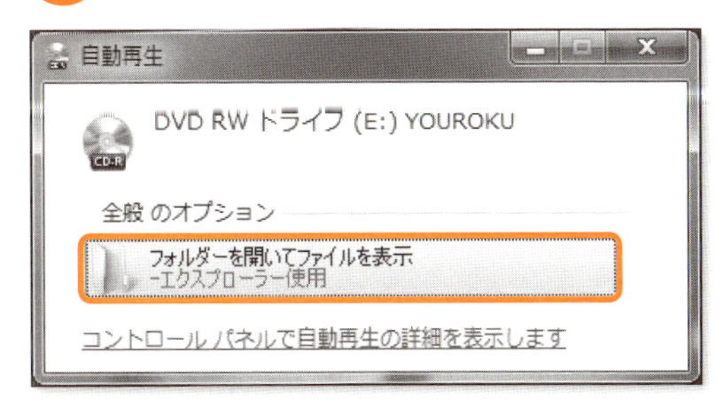

CD-ROMをパソコンに挿入します。自動再生ダイアログが表示されますので、「フォルダーを開いてファイルを表示」をクリックすると中身が表示されます。

アドバイス 自動再生されない

CD-ROMを挿入しても自動再生されない場合には、「スタートメニュー」→「コンピューター」の順にクリックします。CD-ROMのアイコンをダブルクリックすると、同じようにCD-ROMの中身が表示されます。

❷ フォルダを開く

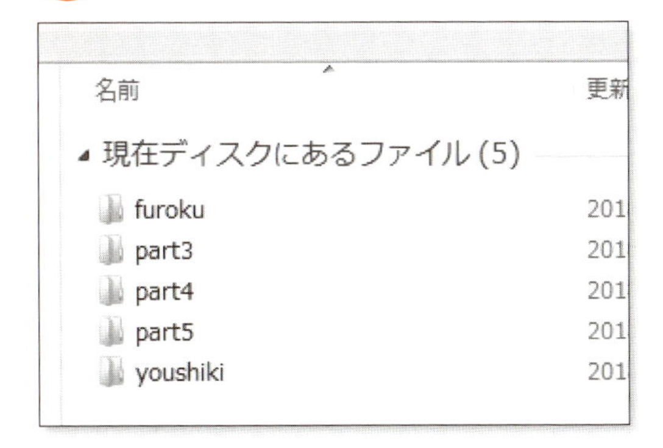

一覧で表示されているフォルダの中から、使いたいファイルが入っているフォルダを選んでダブルクリックします（お使いのパソコンの設定により、フォルダの表示形式は異なります）。
テキストファイルがどのフォルダに入っているかは、ページの右上をご参照ください。

❸ ファイルをコピーする

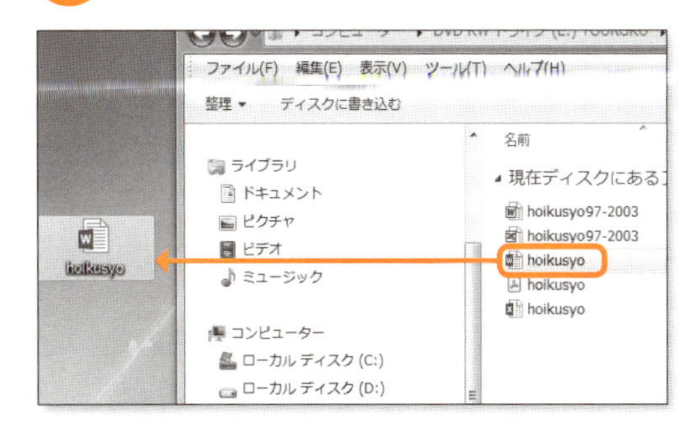

フォルダの中から、使いたいファイルをクリックしたままウインドウの外に移動し、デスクトップ上で離します。そうすると、ファイルをデスクトップ上にコピーできます。

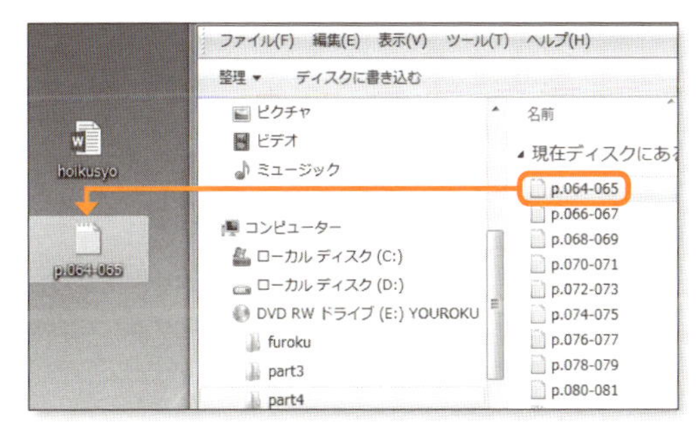

テキストファイルも同じようにして、デスクトップ上にコピーしておきます。

❹ ファイルを開く

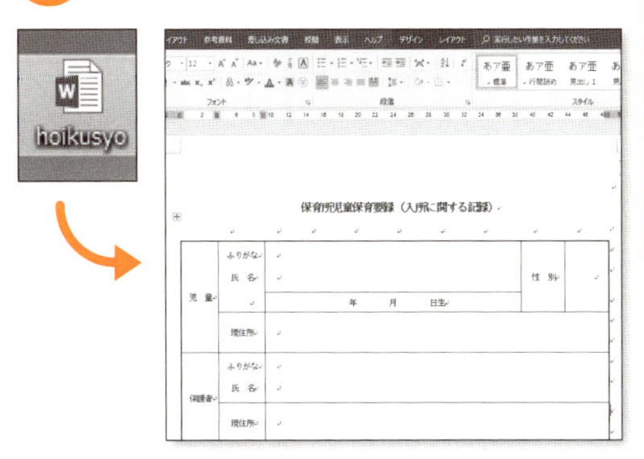

Wordファイルをダブルクリックし、開きます。

CD-ROMの使い方

アドバイス 「閲覧モード」で表示されている

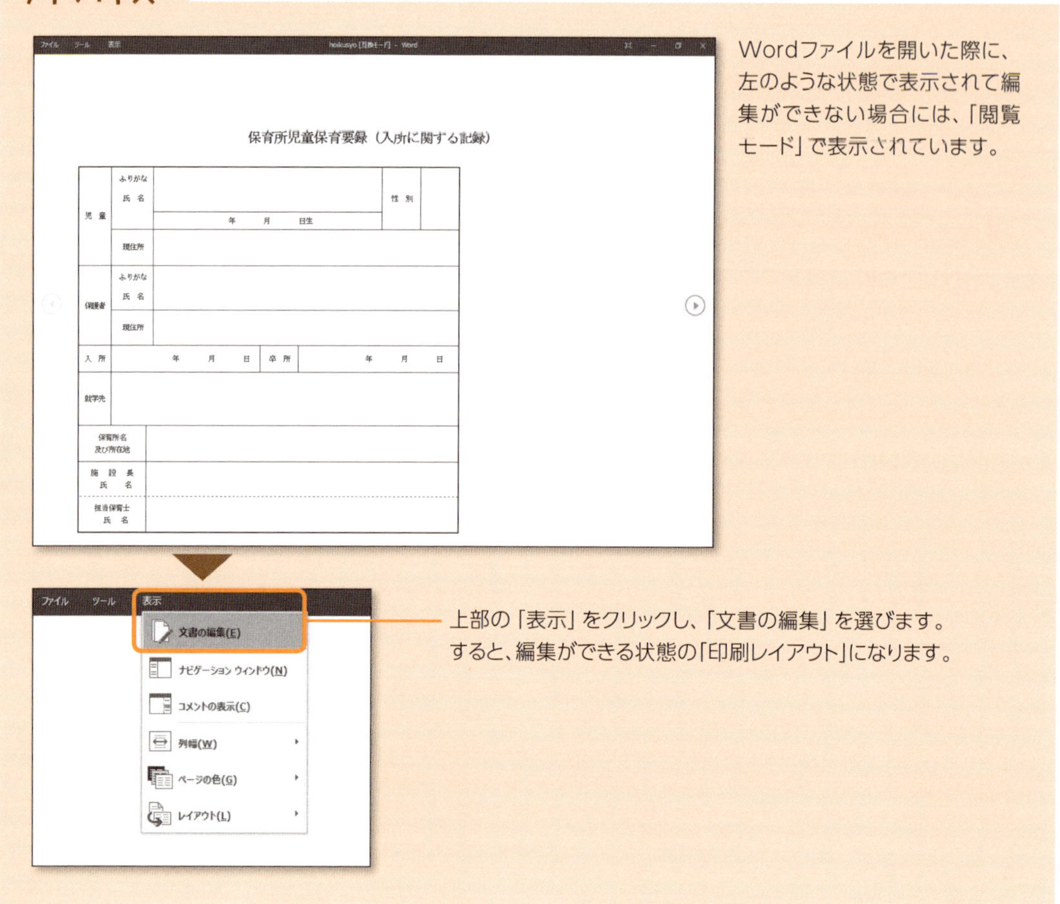

Wordファイルを開いた際に、左のような状態で表示されて編集ができない場合には、「閲覧モード」で表示されています。

上部の「表示」をクリックし、「文書の編集」を選びます。すると、編集ができる状態の「印刷レイアウト」になります。

5 文字を入力する

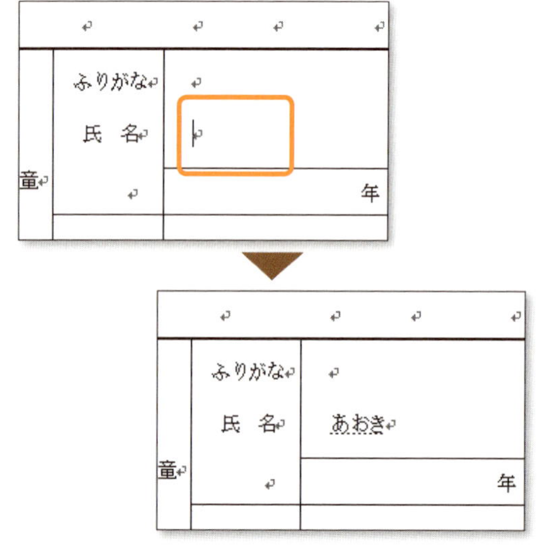

文字を入力したい項目のテキストボックスをクリックします。文字入力のカーソルが点滅し、文字を入力することができます。

アドバイス 表示を調整する

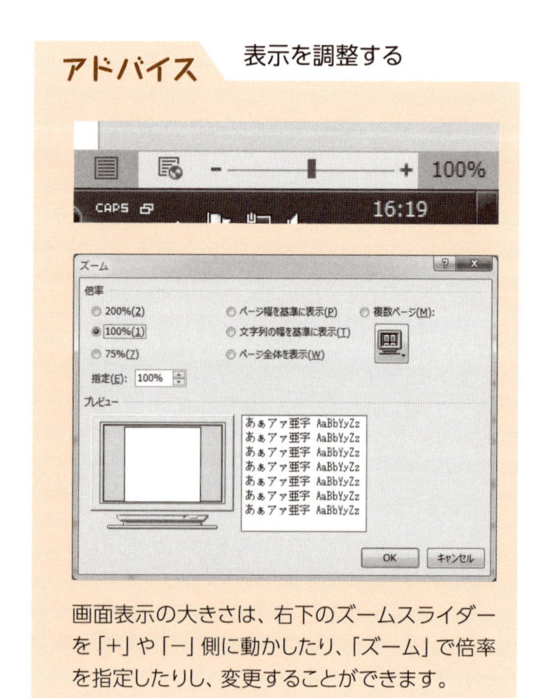

画面表示の大きさは、右下のズームスライダーを「+」や「−」側に動かしたり、「ズーム」で倍率を指定したりし、変更することができます。

★ テキストをコピーして使用するときは？

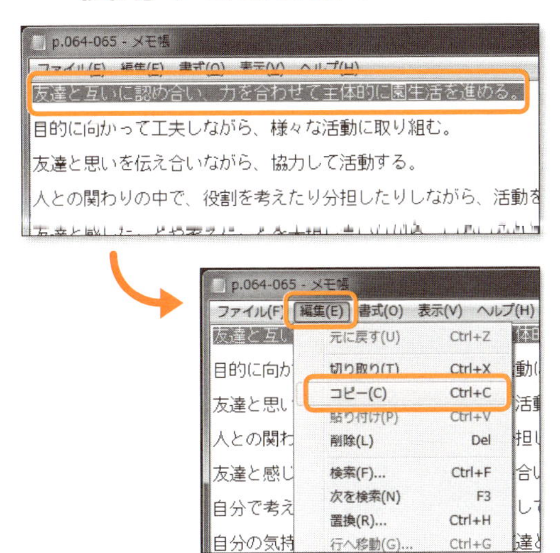

テキストファイルをダブルクリックして開き、使いたいテキストを選びます。「編集」タブから「コピー」をクリックします。

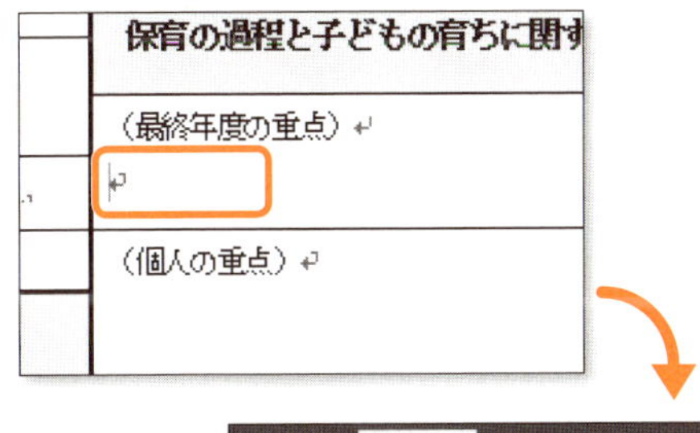

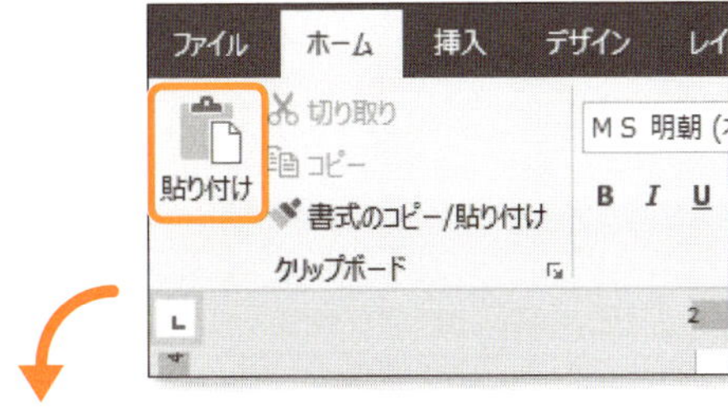

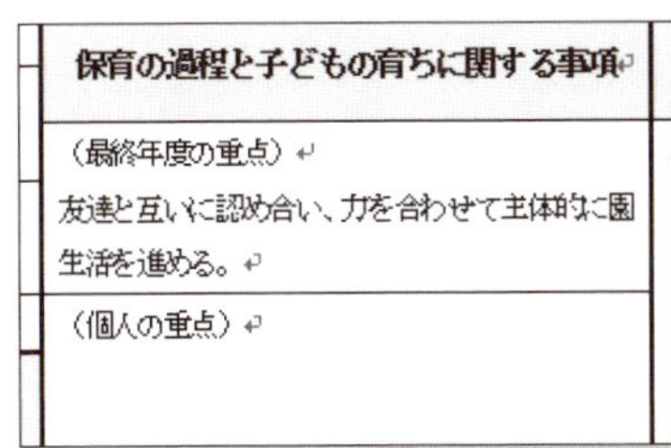

入力したい部分にカーソルを合わせます。「ホーム」タブの「貼り付け」ボタンをクリックすると、コピーしたテキストが入力されます。

6 データを保存する

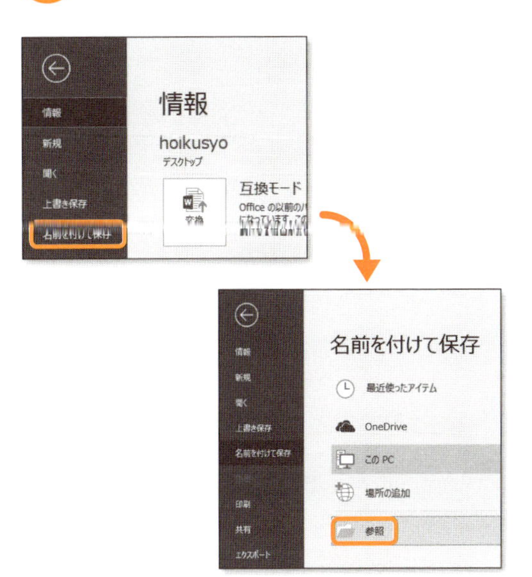

「ファイル」タブをクリックし、「名前を付けて保存」をクリックします。「参照」をクリックし、「デスクトップ」などの保存先を指定します。
「ファイル名」に、年度や名前など分かりやすいものを入力し「保存」ボタンをクリックします。

7 印刷する

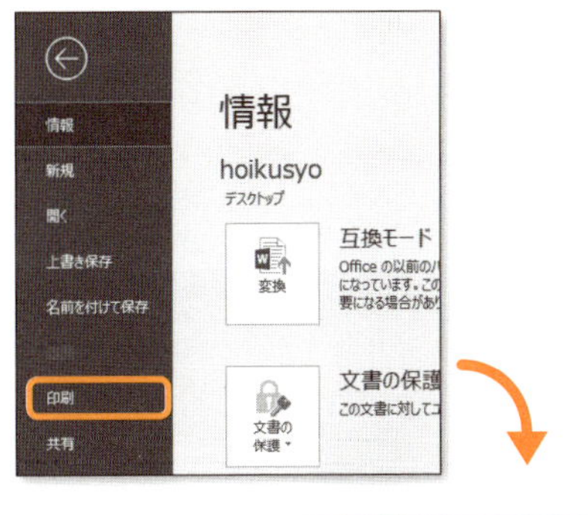

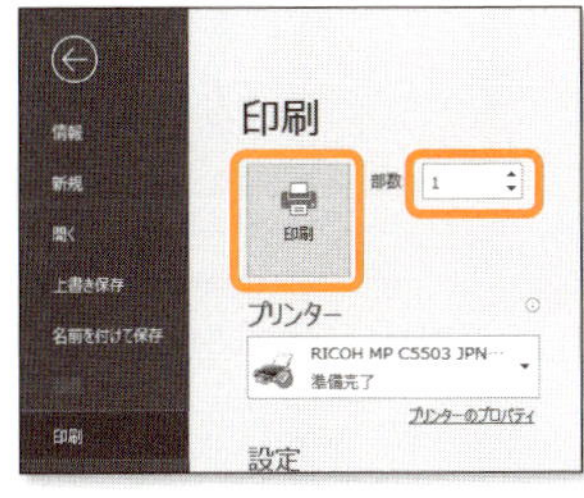

「ファイル」タブをクリックし、「印刷」をクリックします。「部数」を設定し、「印刷」ボタンをクリックします。プリンタの設定方法などについては、ご使用のプリンタの説明書などでご確認ください。

保育所保育指針

〇厚生労働省告示第百十七号

児童福祉施設の設備及び運営に関する基準（昭和二十三年厚生省令第六十三号）第三十五条の規定に基づき、保育所保育指針（平成二十年厚生労働省告示第百四十一号）の全部を次のように改正し、平成三十年四月一日から適用する。

平成二十九年三月三十一日

厚生労働大臣　塩崎　恭久

目次

第1章　総　則

この指針は、児童福祉施設の設備及び運営に関する基準（昭和23年厚生省令第63号。以下「設備運営基準」という。）第35条の規定に基づき、保育所における保育の内容に関する事項及びこれに関連する運営に関する事項を定めるものである。各保育所は、この指針において規定される保育の内容に係る基本原則に関する事項等を踏まえ、各保育所の実情に応じて創意工夫を図り、保育所の機能及び質の向上に努めなければならない。

1　保育所保育に関する基本原則

(1)　保育所の役割

ア　保育所は、児童福祉法（昭和22年法律第164号）第39条の規定に基づき、保育を必要とする子どもの保育を行い、その健全な心身の発達を図ることを目的とする児童福祉施設であり、入所する子どもの最善の利益を考慮し、その福祉を積極的に増進することに最もふさわしい生活の場でなければならない。

イ　保育所は、その目的を達成するために、保育に関する専門性を有する職員が、家庭との緊密な連携の下に、子どもの状況や発達過程を踏まえ、保育所における環境を通して、養護及び教育を一体的に行うことを特性としている。

ウ　保育所は、入所する子どもを保育するとともに、家庭や地域の様々な社会資源との連携を図りながら、入所する子どもの保護者に対する支援及び地域の子育て家庭に対する支援等を行う役割を担うものである。

エ　保育所における保育士は、児童福祉法第18条の4の規定を踏まえ、保育所の役割及び機能が適切に発揮されるように、倫理観に裏付けられた専門的知識、技術及び判断をもって、子どもを保育するとともに、子どもの保護者に対する保育に関する指導を行うものであり、その職責を遂行するための専門性の向上に絶えず努めなければならない。

(2)　保育の目標

ア　保育所は、子どもが生涯にわたる人間形成にとって極めて重要な時期に、その生活時間の大半を過ごす場である。このため、保育所の保育は、子どもが現在を最も良く生き、望ましい未来をつくり出す力の基礎を培うために、次の目標を目指して行わなければならない。

(ア)　十分に養護の行き届いた環境の下に、くつろいだ雰囲気の中で子どもの様々な欲求を満たし、生命の保持及び情緒の安定を図ること。

(イ)　健康、安全など生活に必要な基本的な習慣や態度を養い、心身の健康の基礎を培うこと。

(ウ)　人との関わりの中で、人に対する愛情と信頼感、そして人権を大切にする心を育てるとともに、自主、自立及び協調の態度を養い、道徳性の芽生えを培うこと。

(エ)　生命、自然及び社会の事象についての興味や関心を育て、それらに対する豊かな心情や思考力の芽生えを培うこと。

(オ)　生活の中で、言葉への興味や関心を育て、話したり、聞いたり、相手の話を理解しようとするなど、言葉の豊かさを養うこと。

(カ)　様々な体験を通して、豊かな感性や表現力を育み、創造性の芽生えを培うこと。

イ　保育所は、入所する子どもの保護者に対し、その意向を受け止め、子どもと保護者の安定した関係に配慮し、保育所の特性や保育士等の専門性を生かして、その援助に当たらなければならない。

(3) 保育の方法

保育の目標を達成するために、保育士等は、次の事項に留意して保育しなければならない。

ア 一人一人の子どもの状況や家庭及び地域社会での生活の実態を把握するとともに、子どもが安心感と信頼感をもって活動できるよう、子どもの主体としての思いや願いを受け止めること。

イ 子どもの生活のリズムを大切にし、健康、安全で情緒の安定した生活ができる環境や、自己を十分に発揮できる環境を整えること。

ウ 子どもの発達について理解し、一人一人の発達過程に応じて保育すること。その際、子どもの個人差に十分配慮すること。

エ 子ども相互の関係づくりや互いに尊重する心を大切にし、集団における活動を効果あるものにするよう援助すること。

オ 子どもが自発的・意欲的に関われるような環境を構成し、子どもの主体的な活動や子ども相互の関わりを大切にすること。特に、乳幼児期にふさわしい体験が得られるように、生活や遊びを通して総合的に保育すること。

カ 一人一人の保護者の状況やその意向を理解、受容し、それぞれの親子関係や家庭生活等に配慮しながら、様々な機会をとらえ、適切に援助すること。

(4) 保育の環境

保育の環境には、保育士等や子どもなどの人的環境、施設や遊具などの物的環境、更には自然や社会の事象などがある。保育所は、こうした人、物、場などの環境が相互に関連し合い、子どもの生活が豊かなものとなるよう、次の事項に留意しつつ、計画的に環境を構成し、工夫して保育しなければならない。

ア 子ども自らが環境に関わり、自発的に活動し、様々な経験を積んでいくことができるよう配慮すること。

イ 子どもの活動が豊かに展開されるよう、保育所の設備や環境を整え、保育所の保健的環境や安全の確保などに努めること。

ウ 保育室は、温かな親しみとくつろぎの場となるとともに、生き生きと活動できる場となるように配慮すること。

エ 子どもが人と関わる力を育てていくため、子ども自らが周囲の子どもや大人と関わっていくことができる環境を整えること。

(5) 保育所の社会的責任

ア 保育所は、子どもの人権に十分配慮するとともに、子ども一人一人の人格を尊重して保育を行わなければならない。

イ 保育所は、地域社会との交流や連携を図り、保護者や地域社会に、当該保育所が行う保育の内容を適切に説明するよう努めなければならない。

ウ 保育所は、入所する子ども等の個人情報を適切に取り扱うとともに、保護者の苦情などに対し、その解決を図るよう努めなければならない。

2 養護に関する基本的事項

(1) 養護の理念

保育における養護とは、子どもの生命の保持及び情緒の安定を図るために保育士等が行う援助や関わりであり、保育所における保育は、養護及び教育を一体的に行うことをその特性とするものである。保育所における保育全体を通じて、養護に関するねらい及び内容を踏まえた保育が展開されなければならない。

(2) 養護に関わるねらい及び内容

ア 生命の保持

(ア) ねらい

① 一人一人の子どもが、快適に生活できるようにする。

② 一人一人の子どもが、健康で安全に過ごせるようにする。

③ 一人一人の子どもの生理的欲求が、十分に満たされるようにする。

④ 一人一人の子どもの健康増進が、積極的に図られるようにする。

(イ) 内容

① 一人一人の子どもの平常の健康状態や発育及び発達状態を的確に把握し、異常を感じる場合は、速やかに適切に対応する。

② 家庭との連携を密にし、嘱託医等との連携を図りながら、子どもの疾病や事故防止に関する認識を深め、保健的で安全な保育環境の維持及び向上に努める。

③ 清潔で安全な環境を整え、適切な援

助や応答的な関わりを通して子どもの生理的欲求を満たしていく。また、家庭と協力しながら、子どもの発達過程等に応じた適切な生活のリズムがつくられていくようにする。

④ 子どもの発達過程等に応じて、適度な運動と休息を取ることができるようにする。また、食事、排泄(せつ)、衣類の着脱、身の回りを清潔にすることなどについて、子どもが意欲的に生活できるよう適切に援助する。

イ 情緒の安定

(ア) ねらい

① 一人一人の子どもが、安定感をもって過ごせるようにする。

② 一人一人の子どもが、自分の気持ちを安心して表すことができるようにする。

③ 一人一人の子どもが、周囲から主体として受け止められ、主体として育ち、自分を肯定する気持ちが育まれていくようにする。

④ 一人一人の子どもがくつろいで共に過ごし、心身の疲れが癒されるようにする。

(イ) 内容

① 一人一人の子どもの置かれている状態や発達過程などを的確に把握し、子どもの欲求を適切に満たしながら、応答的な触れ合いや言葉がけを行う。

② 一人一人の子どもの気持ちを受容し、共感しながら、子どもとの継続的な信頼関係を築いていく。

③ 保育士等との信頼関係を基盤に、一人一人の子どもが主体的に活動し、自発性や探索意欲などを高めるとともに、自分への自信をもつことができるよう成長の過程を見守り、適切に働きかける。

④ 一人一人の子どもの生活のリズム、発達過程、保育時間などに応じて、活動内容のバランスや調和を図りながら、適切な食事や休息が取れるようにする。

3 保育の計画及び評価

(1) 全体的な計画の作成

ア 保育所は、1の(2)に示した保育の目標を達成するために、各保育所の保育の方針や目標に基づき、子どもの発達過程を踏まえて、保育の内容が組織的・計画的に構成され、保育所の生活の全体を通して、総合的に展開されるよう、全体的な計画を作成しなければならない。

イ 全体的な計画は、子どもや家庭の状況、地域の実態、保育時間などを考慮し、子どもの育ちに関する長期的見通しをもって適切に作成されなければならない。

ウ 全体的な計画は、保育所保育の全体像を包括的に示すものとし、これに基づく指導計画、保健計画、食育計画等を通じて、各保育所が創意工夫して保育できるよう、作成されなければならない。

(2) 指導計画の作成

ア 保育所は、全体的な計画に基づき、具体的な保育が適切に展開されるよう、子どもの生活や発達を見通した長期的な指導計画と、それに関連しながら、より具体的な子どもの日々の生活に即した短期的な指導計画を作成しなければならない。

イ 指導計画の作成に当たっては、第2章及びその他の関連する章に示された事項のほか、子ども一人一人の発達過程や状況を十分に踏まえるとともに、次の事項に留意しなければならない。

(ア) 3歳未満児については、一人一人の子どもの生育歴、心身の発達、活動の実態等に即して、個別的な計画を作成すること。

(イ) 3歳以上児については、個の成長と、子ども相互の関係や協同的な活動が促されるよう配慮すること。

(ウ) 異年齢で構成される組やグループでの保育においては、一人一人の子どもの生活や経験、発達過程などを把握し、適切な援助や環境構成ができるよう配慮すること。

ウ 指導計画においては、保育所の生活における子どもの発達過程を見通し、生活の連続性、季節の変化などを考慮し、子どもの実態に即した具体的なねらい及び内容を設定すること。また、具体的なねらいが達成されるよう、子どもの生活する姿や発想を大切にして適切な環境を構成し、子どもが主体的に活動できるようにすること。

エ 一日の生活のリズムや在園時間が異なる子どもが共に過ごすことを踏まえ、活動と休息、緊張感と解放感等の調和を図るよう配慮すること。

オ　午睡は生活のリズムを構成する重要な要素であり、安心して眠ることのできる安全な睡眠環境を確保するとともに、在園時間が異なることや、睡眠時間は子どもの発達の状況や個人によって差があることから、一律とならないよう配慮すること。

カ　長時間にわたる保育については、子どもの発達過程、生活のリズム及び心身の状態に十分配慮して、保育の内容や方法、職員の協力体制、家庭との連携などを指導計画に位置付けること。

キ　障害のある子どもの保育については、一人一人の子どもの発達過程や障害の状態を把握し、適切な環境の下で、障害のある子どもが他の子どもとの生活を通して共に成長できるよう、指導計画の中に位置付けること。また、子どもの状況に応じた保育を実施する観点から、家庭や関係機関と連携した支援のための計画を個別に作成するなど適切な対応を図ること。

(3)　指導計画の展開

指導計画に基づく保育の実施に当たっては、次の事項に留意しなければならない。

ア　施設長、保育士など、全職員による適切な役割分担と協力体制を整えること。

イ　子どもが行う具体的な活動は、生活の中で様々に変化することに留意して、子どもが望ましい方向に向かって自ら活動を展開できるよう必要な援助を行うこと。

ウ　子どもの主体的な活動を促すためには、保育士等が多様な関わりをもつことが重要であることを踏まえ、子どもの情緒の安定や発達に必要な豊かな体験が得られるよう援助すること。

エ　保育士等は、子どもの実態や子どもを取り巻く状況の変化などに即して保育の過程を記録するとともに、これらを踏まえ、指導計画に基づく保育の内容の見直しを行い、改善を図ること。

(4)　保育内容等の評価

ア　保育士等の自己評価

(ア)　保育士等は、保育の計画や保育の記録を通して、自らの保育実践を振り返り、自己評価することを通して、その専門性の向上や保育実践の改善に努めなければならない。

(イ)　保育士等による自己評価に当たっては、子どもの活動内容やその結果だけでなく、子どもの心の育ちや意欲、取り組む過程などにも十分配慮するよう留意すること。

(ウ)　保育士等は、自己評価における自らの保育実践の振り返りや職員相互の話し合い等を通じて、専門性の向上及び保育の質の向上のための課題を明確にするとともに、保育所全体の保育の内容に関する認識を深めること。

イ　保育所の自己評価

(ア)　保育所は、保育の質の向上を図るため、保育の計画の展開や保育士等の自己評価を踏まえ、当該保育所の保育の内容等について、自ら評価を行い、その結果を公表するよう努めなければならない。

(イ)　保育所が自己評価を行うに当たっては、地域の実情や保育所の実態に即して、適切に評価の観点や項目等を設定し、全職員による共通理解をもって取り組むよう留意すること。

(ウ)　設備運営基準第36条の趣旨を踏まえ、保育の内容等の評価に関し、保護者及び地域住民等の意見を聴くことが望ましいこと。

(5)　評価を踏まえた計画の改善

ア　保育所は、評価の結果を踏まえ、当該保育所の保育の内容等の改善を図ること。

イ　保育の計画に基づく保育、保育の内容の評価及びこれに基づく改善という一連の取組により、保育の質の向上が図られるよう、全職員が共通理解をもって取り組むことに留意すること。

4　幼児教育を行う施設として共有すべき事項

(1)　育みたい資質・能力

ア　保育所においては、生涯にわたる生きる力の基礎を培うため、1の(2)に示す保育の目標を踏まえ、次に掲げる資質・能力を一体的に育むよう努めるものとする。

(ア)　豊かな体験を通じて、感じたり、気付いたり、分かったり、できるようになったりする「知識及び技能の基礎」

(イ)　気付いたことや、できるようになったことなどを使い、考えたり、試したり、工夫したり、表現したりする「思考力、判断力、表現力等の基礎」

(ウ) 心情、意欲、態度が育つ中で、よりよい生活を営もうとする「学びに向かう力、人間性等」

イ アに示す資質・能力は、第2章に示すねらい及び内容に基づく保育活動全体によって育むものである。

(2) 幼児期の終わりまでに育ってほしい姿

次に示す「幼児期の終わりまでに育ってほしい姿」は、第2章に示すねらい及び内容に基づく保育活動全体を通して資質・能力が育まれている子どもの小学校就学時の具体的な姿であり、保育士等が指導を行う際に考慮するものである。

ア 健康な心と体

保育所の生活の中で、充実感をもって自分のやりたいことに向かって心と体を十分に働かせ、見通しをもって行動し、自ら健康で安全な生活をつくり出すようになる。

イ 自立心

身近な環境に主体的に関わり様々な活動を楽しむ中で、しなければならないことを自覚し、自分の力で行うために考えたり、工夫したりしながら、諦めずにやり遂げることで達成感を味わい、自信をもって行動するようになる。

ウ 協同性

友達と関わる中で、互いの思いや考えなどを共有し、共通の目的の実現に向けて、考えたり、工夫したり、協力したりし、充実感をもってやり遂げるようになる。

エ 道徳性・規範意識の芽生え

友達と様々な体験を重ねる中で、してよいことや悪いことが分かり、自分の行動を振り返ったり、友達の気持ちに共感したりし、相手の立場に立って行動するようになる。また、きまりを守る必要性が分かり、自分の気持ちを調整し、友達と折り合いを付けながら、きまりをつくったり、守ったりするようになる。

オ 社会生活との関わり

家族を大切にしようとする気持ちをもつとともに、地域の身近な人と触れ合う中で、人との様々な関わり方に気付き、相手の気持ちを考えて関わり、自分が役に立つ喜びを感じ、地域に親しみをもつようになる。また、保育所内外の様々な環境に関わる中で、遊びや生活に必要な情報を取り入れ、情報に基づき判断したり、情報を伝え合ったり、活用したりするなど、情報を役立てながら活動するようになるとともに、公共の施設を大切に利用するなどして、社会とのつながりなどを意識するようになる。

カ 思考力の芽生え

身近な事象に積極的に関わる中で、物の性質や仕組みなどを感じ取ったり、気付いたりし、考えたり、予想したり、工夫したりするなど、多様な関わりを楽しむようになる。また、友達の様々な考えに触れる中で、自分と異なる考えがあることに気付き、自ら判断したり、考え直したりするなど、新しい考えを生み出す喜びを味わいながら、自分の考えをよりよいものにするようになる。

キ 自然との関わり・生命尊重

自然に触れて感動する体験を通して、自然の変化などを感じ取り、好奇心や探究心をもって考え言葉などで表現しながら、身近な事象への関心が高まるとともに、自然への愛情や畏敬の念をもつようになる。また、身近な動植物に心を動かされる中で、生命の不思議さや尊さに気付き、身近な動植物への接し方を考え、命あるものとしていたわり、大切にする気持ちをもって関わるようになる。

ク 数量や図形、標識や文字などへの関心・感覚

遊びや生活の中で、数量や図形、標識や文字などに親しむ体験を重ねたり、標識や文字の役割に気付いたりし、自らの必要感に基づきこれらを活用し、興味や関心、感覚をもつようになる。

ケ 言葉による伝え合い

保育士等や友達と心を通わせる中で、絵本や物語などに親しみながら、豊かな言葉や表現を身に付け、経験したことや考えたことなどを言葉で伝えたり、相手の話を注意して聞いたりし、言葉による伝え合いを楽しむようになる。

コ 豊かな感性と表現

心を動かす出来事などに触れ感性を働かせる中で、様々な素材の特徴や表現の仕方などに気付き、感じたことや考えたことを自分で表

現したり、友達同士で表現する過程を楽しんだりし、表現する喜びを味わい、意欲をもつようになる。

第2章　保育の内容

この章に示す「ねらい」は、第1章の1の(2)に示された保育の目標をより具体化したものであり、子どもが保育所において、安定した生活を送り、充実した活動ができるように、保育を通じて育みたい資質・能力を、子どもの生活する姿から捉えたものである。また、「内容」は、「ねらい」を達成するために、子どもの生活やその状況に応じて保育士等が適切に行う事項と、保育士等が援助して子どもが環境に関わって経験する事項を示したものである。

保育における「養護」とは、子どもの生命の保持及び情緒の安定を図るために保育士等が行う援助や関わりであり、「教育」とは、子どもが健やかに成長し、その活動がより豊かに展開されるための発達の援助である。本章では、保育士等が、「ねらい」及び「内容」を具体的に把握するため、主に教育に関わる側面からの視点を示しているが、実際の保育においては、養護と教育が一体となって展開されることに留意する必要がある。

1　乳児保育に関わるねらい及び内容

(1)　基本的事項

ア　乳児期の発達については、視覚、聴覚などの感覚や、座る、はう、歩くなどの運動機能が著しく発達し、特定の大人との応答的な関わりを通じて、情緒的な絆（きずな）が形成されるといった特徴がある。これらの発達の特徴を踏まえて、乳児保育は、愛情豊かに、応答的に行われることが特に必要である。

イ　本項においては、この時期の発達の特徴を踏まえ、乳児保育の「ねらい」及び「内容」については、身体的発達に関する視点「健やかに伸び伸びと育つ」、社会的発達に関する視点「身近な人と気持ちが通じ合う」及び精神的発達に関する視点「身近なものと関わり感性が育つ」としてまとめ、示している。

ウ　本項の各視点において示す保育の内容は、第1章の2に示された養護における「生命の保持」及び「情緒の安定」に関わる保育の内容と、一体となって展開されるものであることに留意が必要である。

(2)　ねらい及び内容

ア　健やかに伸び伸びと育つ

健康な心と体を育て、自ら健康で安全な生活をつくり出す力の基盤を培う。

(ア)　ねらい

①　身体感覚が育ち、快適な環境に心地よさを感じる。

②　伸び伸びと体を動かし、はう、歩くなどの運動をしようとする。

③　食事、睡眠等の生活のリズムの感覚が芽生える。

(イ)　内容

①　保育士等の愛情豊かな受容の下で、生理的・心理的欲求を満たし、心地よく生活をする。

②　一人一人の発育に応じて、はう、立つ、歩くなど、十分に体を動かす。

③　個人差に応じて授乳を行い、離乳を進めていく中で、様々な食品に少しずつ慣れ、食べることを楽しむ。

④　一人一人の生活のリズムに応じて、安全な環境の下で十分に午睡をする。

⑤　おむつ交換や衣服の着脱などを通じて、清潔になることの心地よさを感じる。

(ウ)　内容の取扱い

上記の取扱いに当たっては、次の事項に留意する必要がある。

①　心と体の健康は、相互に密接な関連があるものであることを踏まえ、温かい触れ合いの中で、心と体の発達を促すこと。特に、寝返り、お座り、はいはい、つかまり立ち、伝い歩きなど、発育に応じて、遊びの中で体を動かす機会を十分に確保し、自ら体を動かそうとする意欲が育つようにすること。

②　健康な心と体を育てるためには望ましい食習慣の形成が重要であることを踏まえ、離乳食が完了期へと徐々に移行する中で、様々な食品に慣れるようにするとともに、和やかな雰囲気の中で食べる喜びや楽しさを味わい、進んで食べようとする気持ちが育つようにすること。なお、食物アレルギーのある子どもへの対応については、嘱託医等の指示や協力の下に適切に対応すること。

イ　身近な人と気持ちが通じ合う

受容的・応答的な関わりの下で、何かを伝えようとする意欲や身近な大人との信頼関係を育て、人と関わる力の基盤を培う。

(ア)　ねらい

①　安心できる関係の下で、身近な人と共に過ごす喜びを感じる。

②　体の動きや表情、発声等により、保育士等と気持ちを通わせようとする。

③　身近な人と親しみ、関わりを深め、愛情や信頼感が芽生える。

(イ)　内容

①　子どもからの働きかけを踏まえた、応答的な触れ合いや言葉がけによって、欲求が満たされ、安定感をもって過ごす。

②　体の動きや表情、発声、喃(なん)語等を優しく受け止めてもらい、保育士等とのやり取りを楽しむ。

③　生活や遊びの中で、自分の身近な人の存在に気付き、親しみの気持ちを表す。

④　保育士等による語りかけや歌いかけ、発声や喃(なん)語等への応答を通じて、言葉の理解や発語の意欲が育つ。

⑤　温かく、受容的な関わりを通じて、自分を肯定する気持ちが芽生える。

(ウ)　内容の取扱い

上記の取扱いに当たっては、次の事項に留意する必要がある。

①　保育士等との信頼関係に支えられて生活を確立していくことが人と関わる基盤となることを考慮して、子どもの多様な感情を受け止め、温かく受容的・応答的に関わり、一人一人に応じた適切な援助を行うようにすること。

②　身近な人に親しみをもって接し、自分の感情などを表し、それに相手が応答する言葉を聞くことを通して、次第に言葉が獲得されていくことを考慮して、楽しい雰囲気の中での保育士等との関わり合いを大切にし、ゆっくりと優しく話しかけるなど、積極的に言葉のやり取りを楽しむことができるようにすること。

ウ　身近なものと関わり感性が育つ

身近な環境に興味や好奇心をもって関わり、感じたことや考えたことを表現する力の基盤を培う。

(ア)　ねらい

①　身の回りのものに親しみ、様々なものに興味や関心をもつ。

②　見る、触れる、探索するなど、身近な環境に自分から関わろうとする。

③　身体の諸感覚による認識が豊かになり、表情や手足、体の動き等で表現する。

(イ)　内容

①　身近な生活用具、玩具や絵本などが用意された中で、身の回りのものに対する興味や好奇心をもつ。

②　生活や遊びの中で様々なものに触れ、音、形、色、手触りなどに気付き、感覚の働きを豊かにする。

③　保育士等と一緒に様々な色彩や形のものや絵本などを見る。

④　玩具や身の回りのものを、つまむ、つかむ、たたく、引っ張るなど、手や指を使って遊ぶ。

⑤　保育士等のあやし遊びに機嫌よく応じたり、歌やリズムに合わせて手足や体を動かして楽しんだりする。

(ウ)　内容の取扱い

上記の取扱いに当たっては、次の事項に留意する必要がある。

①　玩具などは、音質、形、色、大きさなど子どもの発達状態に応じて適切なものを選び、その時々の子どもの興味や関心を踏まえるなど、遊びを通して感覚の発達が促されるものとなるように工夫すること。なお、安全な環境の下で、子どもが探索意欲を満たして自由に遊べるよう、身の回りのものについては、常に十分な点検を行うこと。

②　乳児期においては、表情、発声、体の動きなどで、感情を表現することが多いことから、これらの表現しようとする意欲を積極的に受け止めて、子どもが様々な活動を楽しむことを通して表現が豊かになるようにすること。

(3)　保育の実施に関わる配慮事項

ア　乳児は疾病への抵抗力が弱く、心身の機能の未熟さに伴う疾病の発生が多いことから、一人一人の発育及び発達状態や健康状態についての適切な判断に基づく保健的な対応を行うこと。

イ　一人一人の子どもの生育歴の違いに留意しつつ、欲求を適切に満たし、特定の保育士が応答的に関わるように努めること。

ウ　乳児保育に関わる職員間の連携や嘱託医との連携を図り、第3章に示す事項を踏まえ、適切に対応すること。栄養士及び看護師等が配置されている場合は、その専門性を生かした対応を図ること。

エ　保護者との信頼関係を築きながら保育を進めるとともに、保護者からの相談に応じ、保護者への支援に努めていくこと。

オ　担当の保育士が替わる場合には、子どものそれまでの生育歴や発達過程に留意し、職員間で協力して対応すること。

2　1歳以上3歳未満児の保育に関わるねらい及び内容

(1)　基本的事項

ア　この時期においては、歩き始めから、歩く、走る、跳ぶなどへと、基本的な運動機能が次第に発達し、排泄(せつ)の自立のための身体的機能も整うようになる。つまむ、めくるなどの指先の機能も発達し、食事、衣類の着脱なども、保育士等の援助の下で自分で行うようになる。発声も明瞭になり、語彙も増加し、自分の意思や欲求を言葉で表出できるようになる。このように自分でできることが増えてくる時期であることから、保育士等は、子どもの生活の安定を図りながら、自分でしようとする気持ちを尊重し、温かく見守るとともに、愛情豊かに、応答的に関わることが必要である。

イ　本項においては、この時期の発達の特徴を踏まえ、保育の「ねらい」及び「内容」について、心身の健康に関する領域「健康」、人との関わりに関する領域「人間関係」、身近な環境との関わりに関する領域「環境」、言葉の獲得に関する領域「言葉」及び感性と表現に関する領域「表現」としてまとめ、示している。

ウ　本項の各領域において示す保育の内容は、第1章の2に示された養護における「生命の保持」及び「情緒の安定」に関わる保育の内容と、一体となって展開されるものであることに留意が必要である。

(2)　ねらい及び内容

ア　健康

健康な心と体を育て、自ら健康で安全な生活をつくり出す力を養う。

(ア)　ねらい

①　明るく伸び伸びと生活し、自分から体を動かすことを楽しむ。

②　自分の体を十分に動かし、様々な動きをしようとする。

③　健康、安全な生活に必要な習慣に気付き、自分でしてみようとする気持ちが育つ。

(イ)　内容

①　保育士等の愛情豊かな受容の下で、安定感をもって生活をする。

②　食事や午睡、遊びと休息など、保育所における生活のリズムが形成される。

③　走る、跳ぶ、登る、押す、引っ張るなど全身を使う遊びを楽しむ。

④　様々な食品や調理形態に慣れ、ゆったりとした雰囲気の中で食事や間食を楽しむ。

⑤　身の回りを清潔に保つ心地よさを感じ、その習慣が少しずつ身に付く。

⑥　保育士等の助けを借りながら、衣類の着脱を自分でしようとする。

⑦　便器での排泄(せつ)に慣れ、自分で排泄(せつ)ができるようになる。

(ウ)　内容の取扱い

上記の取扱いに当たっては、次の事項に留意する必要がある。

①　心と体の健康は、相互に密接な関連があるものであることを踏まえ、子どもの気持ちに配慮した温かい触れ合いの中で、心と体の発達を促すこと。特に、一人一人の発育に応じて、体を動かす機会を十分に確保し、自ら体を動かそうとする意欲が育つようにすること。

②　健康な心と体を育てるためには望ましい食習慣の形成が重要であることを踏まえ、ゆったりとした雰囲気の中で食べる喜びや楽しさを味わい、進んで食べようとする気持ちが育つようにすること。なお、食物アレルギーのある子どもへの対応については、嘱託医等の指示や協力の下

に適切に対応すること。

③ 排泄(せつ)の習慣については、一人一人の排尿間隔等を踏まえ、おむつが汚れていないときに便器に座らせるなどにより、少しずつ慣れさせるようにすること。

④ 食事、排泄(せつ)、睡眠、衣類の着脱、身の回りを清潔にすることなど、生活に必要な基本的な習慣については、一人一人の状態に応じ、落ち着いた雰囲気の中で行うようにし、子どもが自分でしようとする気持ちを尊重すること。また、基本的な生活習慣の形成に当たっては、家庭での生活経験に配慮し、家庭との適切な連携の下で行うようにすること。

イ 人間関係

他の人々と親しみ、支え合って生活するために、自立心を育て、人と関わる力を養う。

(ア) ねらい

① 保育所での生活を楽しみ、身近な人と関わる心地よさを感じる。

② 周囲の子ども等への興味や関心が高まり、関わりをもとうとする。

③ 保育所の生活の仕方に慣れ、きまりの大切さに気付く。

(イ) 内容

① 保育士等や周囲の子ども等との安定した関係の中で、共に過ごす心地よさを感じる。

② 保育士等の受容的・応答的な関わりの中で、欲求を適切に満たし、安定感をもって過ごす。

③ 身の回りに様々な人がいることに気付き、徐々に他の子どもと関わりをもって遊ぶ。

④ 保育士等の仲立ちにより、他の子どもとの関わり方を少しずつ身につける。

⑤ 保育所の生活の仕方に慣れ、きまりがあることや、その大切さに気付く。

⑥ 生活や遊びの中で、年長児や保育士等の真似をしたり、ごっこ遊びを楽しんだりする。

(ウ) 内容の取扱い

上記の取扱いに当たっては、次の事項に留意する必要がある。

① 保育士等との信頼関係に支えられて生活を確立するとともに、自分で何かをしようとする気持ちが旺盛になる時期であることに鑑み、そのような子どもの気持ちを尊重し、温かく見守るとともに、愛情豊かに、応答的に関わり、適切な援助を行うようにすること。

② 思い通りにいかない場合等の子どもの不安定な感情の表出については、保育士等が受容的に受け止めるとともに、そうした気持ちから立ち直る経験や感情をコントロールすることへの気付き等につなげていけるように援助すること。

③ この時期は自己と他者との違いの認識がまだ十分ではないことから、子どもの自我の育ちを見守るとともに、保育士等が仲立ちとなって、自分の気持ちを相手に伝えることや相手の気持ちに気付くことの大切さなど、友達の気持ちや友達との関わり方を丁寧に伝えていくこと。

ウ 環境

周囲の様々な環境に好奇心や探究心をもって関わり、それらを生活に取り入れていこうとする力を養う。

(ア) ねらい

① 身近な環境に親しみ、触れ合う中で、様々なものに興味や関心をもつ。

② 様々なものに関わる中で、発見を楽しんだり、考えたりしようとする。

③ 見る、聞く、触るなどの経験を通して、感覚の働きを豊かにする。

(イ) 内容

① 安全で活動しやすい環境での探索活動等を通して、見る、聞く、触れる、嗅ぐ、味わうなどの感覚の働きを豊かにする。

② 玩具、絵本、遊具などに興味をもち、それらを使った遊びを楽しむ。

③ 身の回りの物に触れる中で、形、色、大きさ、量などの物の性質や仕組みに気付く。

④ 自分の物と人の物の区別や、場所的感覚など、環境を捉える感覚が育つ。

⑤ 身近な生き物に気付き、親しみをもつ。

⑥ 近隣の生活や季節の行事などに興味や関心をもつ。

(ウ) 内容の取扱い

上記の取扱いに当たっては、次の事項に留意する必要がある。

① 玩具などは、音質、形、色、大きさなど子どもの発達状態に応じて適切なものを選び、遊びを通して感覚の発達が促されるように工夫すること。

② 身近な生き物との関わりについては、子どもが命を感じ、生命の尊さに気付く経験へとつながるものであることから、そうした気付きを促すような関わりとなるようにすること。

③ 地域の生活や季節の行事などに触れる際には、社会とのつながりや地域社会の文化への気付きにつながるものとなることが望ましいこと。その際、保育所内外の行事や地域の人々との触れ合いなどを通して行うこと等も考慮すること。

エ 言葉

経験したことや考えたことなどを自分なりの言葉で表現し、相手の話す言葉を聞こうとする意欲や態度を育て、言葉に対する感覚や言葉で表現する力を養う。

(ア) ねらい

① 言葉遊びや言葉で表現する楽しさを感じる。

② 人の言葉や話などを聞き、自分でも思ったことを伝えようとする。

③ 絵本や物語等に親しむとともに、言葉のやり取りを通じて身近な人と気持ちを通わせる。

(イ) 内容

① 保育士等の応答的な関わりや話しかけにより、自ら言葉を使おうとする。

② 生活に必要な簡単な言葉に気付き、聞き分ける。

③ 親しみをもって日常の挨拶に応じる。

④ 絵本や紙芝居を楽しみ、簡単な言葉を繰り返したり、模倣をしたりして遊ぶ。

⑤ 保育士等とごっこ遊びをする中で、言葉のやり取りを楽しむ。

⑥ 保育士等を仲立ちとして、生活や遊びの中で友達との言葉のやり取りを楽しむ。

⑦ 保育士等や友達の言葉や話に興味や関心をもって、聞いたり、話したりする。

(ウ) 内容の取扱い

上記の取扱いに当たっては、次の事項に留意する必要がある。

① 身近な人に親しみをもって接し、自分の感情などを伝え、それに相手が応答し、その言葉を聞くことを通して、次第に言葉が獲得されていくものであることを考慮して、楽しい雰囲気の中で保育士等との言葉のやり取りができるようにすること。

② 子どもが自分の思いを言葉で伝えるとともに、他の子どもの話などを聞くことを通して、次第に話を理解し、言葉による伝え合いができるようになるよう、気持ちや経験等の言語化を行うことを援助するなど、子ども同士の関わりの仲立ちを行うようにすること。

③ この時期は、片言から、二語文、ごっこ遊びでのやり取りができる程度へと、大きく言葉の習得が進む時期であることから、それぞれの子どもの発達の状況に応じて、遊びや関わりの工夫など、保育の内容を適切に展開することが必要であること。

オ 表現

感じたことや考えたことを自分なりに表現することを通して、豊かな感性や表現する力を養い、創造性を豊かにする。

(ア) ねらい

① 身体の諸感覚の経験を豊かにし、様々な感覚を味わう。

② 感じたことや考えたことなどを自分なりに表現しようとする。

③ 生活や遊びの様々な体験を通して、イメージや感性が豊かになる。

(イ) 内容

① 水、砂、土、紙、粘土など様々な素材に触れて楽しむ。

② 音楽、リズムやそれに合わせた体の動きを楽しむ。

③ 生活の中で様々な音、形、色、手触り、動き、味、香りなどに気付いたり、感じたりして楽しむ。

④ 歌を歌ったり、簡単な手遊びや全身を使う遊びを楽しんだりする。

⑤ 保育士等からの話や、生活や遊びの中での出来事を通して、イメージを豊かに

する。

⑥　生活や遊びの中で、興味のあることや経験したことなどを自分なりに表現する。

(ウ)　内容の取扱い

上記の取扱いに当たっては、次の事項に留意する必要がある。

①　子どもの表現は、遊びや生活の様々な場面で表出されているものであることから、それらを積極的に受け止め、様々な表現の仕方や感性を豊かにする経験となるようにすること。

②　子どもが試行錯誤しながら様々な表現を楽しむことや、自分の力でやり遂げる充実感などに気付くよう、温かく見守るとともに、適切に援助を行うようにすること。

③　様々な感情の表現等を通じて、子どもが自分の感情や気持ちに気付くようになる時期であることに鑑み、受容的な関わりの中で自信をもって表現をすることや、諦めずに続けた後の達成感等を感じられるような経験が蓄積されるようにすること。

④　身近な自然や身の回りの事物に関わる中で、発見や心が動く経験が得られるよう、諸感覚を働かせることを楽しむ遊びや素材を用意するなど保育の環境を整えること。

(3)　保育の実施に関わる配慮事項

ア　特に感染症にかかりやすい時期であるので、体の状態、機嫌、食欲などの日常の状態の観察を十分に行うとともに、適切な判断に基づく保健的な対応を心がけること。

イ　探索活動が十分できるように、事故防止に努めながら活動しやすい環境を整え、全身を使う遊びなど様々な遊びを取り入れること。

ウ　自我が形成され、子どもが自分の感情や気持ちに気付くようになる重要な時期であることに鑑み、情緒の安定を図りながら、子どもの自発的な活動を尊重するとともに促していくこと。

エ　担当の保育士が替わる場合には、子どものそれまでの経験や発達過程に留意し、職員間で協力して対応すること。

3　3歳以上児の保育に関するねらい及び内容

(1)　基本的事項

ア　この時期においては、運動機能の発達により、基本的な動作が一通りできるようになるとともに、基本的な生活習慣もほぼ自立できるようになる。理解する語彙数が急激に増加し、知的興味や関心も高まってくる。仲間と遊び、仲間の中の一人という自覚が生じ、集団的な遊びや協同的な活動も見られるようになる。これらの発達の特徴を踏まえて、この時期の保育においては、個の成長と集団としての活動の充実が図られるようにしなければならない。

イ　本項においては、この時期の発達の特徴を踏まえ、保育の「ねらい」及び「内容」について、心身の健康に関する領域「健康」、人との関わりに関する領域「人間関係」、身近な環境との関わりに関する領域「環境」、言葉の獲得に関する領域「言葉」及び感性と表現に関する領域「表現」としてまとめ、示している。

ウ　本項の各領域において示す保育の内容は、第1章の2に示された養護における「生命の保持」及び「情緒の安定」に関わる保育の内容と、一体となって展開されるものであることに留意が必要である。

(2)　ねらい及び内容

ア　健康

健康な心と体を育て、自ら健康で安全な生活をつくり出す力を養う。

(ア)　ねらい

①　明るく伸び伸びと行動し、充実感を味わう。

②　自分の体を十分に動かし、進んで運動しようとする。

③　健康、安全な生活に必要な習慣や態度を身に付け、見通しをもって行動する。

(イ)　内容

①　保育士等や友達と触れ合い、安定感をもって行動する。

②　いろいろな遊びの中で十分に体を動かす。

③　進んで戸外で遊ぶ。

④　様々な活動に親しみ、楽しんで取り組む。

⑤　保育士等や友達と食べることを楽しみ、食べ物への興味や関心をもつ。

⑥　健康な生活のリズムを身に付ける。

⑦　身の回りを清潔にし、衣服の着脱、食

事、排泄などの生活に必要な活動を自分でする。

⑧　保育所における生活の仕方を知り、自分たちで生活の場を整えながら見通しをもって行動する。

⑨　自分の健康に関心をもち、病気の予防などに必要な活動を進んで行う。

⑩　危険な場所、危険な遊び方、災害時などの行動の仕方が分かり、安全に気を付けて行動する。

(ウ)　内容の取扱い

上記の取扱いに当たっては、次の事項に留意する必要がある。

①　心と体の健康は、相互に密接な関連があるものであることを踏まえ、子どもが保育士等や他の子どもとの温かい触れ合いの中で自己の存在感や充実感を味わうことなどを基盤として、しなやかな心と体の発達を促すこと。特に、十分に体を動かす気持ちよさを体験し、自ら体を動かそうとする意欲が育つようにすること。

②　様々な遊びの中で、子どもが興味や関心、能力に応じて全身を使って活動することにより、体を動かす楽しさを味わい、自分の体を大切にしようとする気持ちが育つようにすること。その際、多様な動きを経験する中で、体の動きを調整するようにすること。

③　自然の中で伸び伸びと体を動かして遊ぶことにより、体の諸機能の発達が促されることに留意し、子どもの興味や関心が戸外にも向くようにすること。その際、子どもの動線に配慮した園庭や遊具の配置などを工夫すること。

④　健康な心と体を育てるためには食育を通じた望ましい食習慣の形成が大切であることを踏まえ、子どもの食生活の実情に配慮し、和やかな雰囲気の中で保育士等や他の子どもと食べる喜びや楽しさを味わったり、様々な食べ物への興味や関心をもったりするなどし、食の大切さに気付き、進んで食べようとする気持ちが育つようにすること。

⑤　基本的な生活習慣の形成に当たっては、家庭での生活経験に配慮し、子どもの自立心を育て、子どもが他の子どもと関わりながら主体的な活動を展開する中で、生活に必要な習慣を身に付け、次第に見通しをもって行動できるようにすること。

⑥　安全に関する指導に当たっては、情緒の安定を図り、遊びを通して安全についての構えを身に付け、危険な場所や事物などが分かり、安全についての理解を深めるようにすること。また、交通安全の習慣を身に付けるようにするとともに、避難訓練などを通して、災害などの緊急時に適切な行動がとれるようにすること。

イ　人間関係

他の人々と親しみ、支え合って生活するために、自立心を育て、人と関わる力を養う。

(ア)　ねらい

①　保育所の生活を楽しみ、自分の力で行動することの充実感を味わう。

②　身近な人と親しみ、関わりを深め、工夫したり、協力したりして一緒に活動する楽しさを味わい、愛情や信頼感をもつ。

③　社会生活における望ましい習慣や態度を身に付ける。

(イ)　内容

①　保育士等や友達と共に過ごすことの喜びを味わう。

②　自分で考え、自分で行動する。

③　自分でできることは自分でする。

④　いろいろな遊びを楽しみながら物事をやり遂げようとする気持ちをもつ。

⑤　友達と積極的に関わりながら喜びや悲しみを共感し合う。

⑥　自分の思ったことを相手に伝え、相手の思っていることに気付く。

⑦　友達のよさに気付き、一緒に活動する楽しさを味わう。

⑧　友達と楽しく活動する中で、共通の目的を見いだし、工夫したり、協力したりなどする。

⑨　よいことや悪いことがあることに気付き、考えながら行動する。

⑩　友達との関わりを深め、思いやりをもつ。

⑪　友達と楽しく生活する中できまりの大切さに気付き、守ろうとする。

⑫　共同の遊具や用具を大切にし、皆で

使う。

⑬　高齢者をはじめ地域の人々などの自分の生活に関係の深いいろいろな人に親しみをもつ。

(ウ)　内容の取扱い

上記の取扱いに当たっては、次の事項に留意する必要がある。

①　保育士等との信頼関係に支えられて自分自身の生活を確立していくことが人と関わる基盤となることを考慮し、子どもが自ら周囲に働き掛けることにより多様な感情を体験し、試行錯誤しながら諦めずにやり遂げることの達成感や、前向きな見通しをもって自分の力で行うことの充実感を味わうことができるよう、子どもの行動を見守りながら適切な援助を行うようにすること。

②　一人一人を生かした集団を形成しながら人と関わる力を育てていくようにすること。その際、集団の生活の中で、子どもが自己を発揮し、保育士等や他の子どもに認められる体験をし、自分のよさや特徴に気付き、自信をもって行動できるようにすること。

③　子どもが互いに関わりを深め、協同して遊ぶようになるため、自ら行動する力を育てるとともに、他の子どもと試行錯誤しながら活動を展開する楽しさや共通の目的が実現する喜びを味わうことができるようにすること。

④　道徳性の芽生えを培うに当たっては、基本的な生活習慣の形成を図るとともに、子どもが他の子どもとの関わりの中で他人の存在に気付き、相手を尊重する気持ちをもって行動できるようにし、また、自然や身近な動植物に親しむことなどを通して豊かな心情が育つようにすること。特に、人に対する信頼感や思いやりの気持ちは、葛藤やつまずきをも体験し、それらを乗り越えることにより次第に芽生えてくることに配慮すること。

⑤　集団の生活を通して、子どもが人との関わりを深め、規範意識の芽生えが培われることを考慮し、子どもが保育士等との信頼関係に支えられて自己を発揮する中で、互いに思いを主張し、折り合いを付ける体験をし、きまりの必要性などに気付き、自分の気持ちを調整する力が育つようにすること。

⑥　高齢者をはじめ地域の人々などの自分の生活に関係の深いいろいろな人と触れ合い、自分の感情や意志を表現しながら共に楽しみ、共感し合う体験を通して、これらの人々などに親しみをもち、人と関わることの楽しさや人の役に立つ喜びを味わうことができるようにすること。また、生活を通して親や祖父母などの家族の愛情に気付き、家族を大切にしようとする気持ちが育つようにすること。

ウ　環境

周囲の様々な環境に好奇心や探究心をもって関わり、それらを生活に取り入れていこうとする力を養う。

(ア)　ねらい

①　身近な環境に親しみ、自然と触れ合う中で様々な事象に興味や関心をもつ。

②　身近な環境に自分から関わり、発見を楽しんだり、考えたりし、それを生活に取り入れようとする。

③　身近な事象を見たり、考えたり、扱ったりする中で、物の性質や数量、文字などに対する感覚を豊かにする。

(イ)　内容

①　自然に触れて生活し、その大きさ、美しさ、不思議さなどに気付く。

②　生活の中で、様々な物に触れ、その性質や仕組みに興味や関心をもつ。

③　季節により自然や人間の生活に変化のあることに気付く。

④　自然などの身近な事象に関心をもち、取り入れて遊ぶ。

⑤　身近な動植物に親しみをもって接し、生命の尊さに気付き、いたわったり、大切にしたりする。

⑥　日常生活の中で、我が国や地域社会における様々な文化や伝統に親しむ。

⑦　身近な物を大切にする。

⑧　身近な物や遊具に興味をもって関わり、自分なりに比べたり、関連付けたりしながら考えたり、試したりして工夫して遊ぶ。

⑨　日常生活の中で数量や図形などに関心をもつ。

⑩　日常生活の中で簡単な標識や文字などに関心をもつ。

⑪　生活に関係の深い情報や施設などに興味や関心をもつ。

⑫　保育所内外の行事において国旗に親しむ。

(ウ)　内容の取扱い

上記の取扱いに当たっては、次の事項に留意する必要がある。

①　子どもが、遊びの中で周囲の環境と関わり、次第に周囲の世界に好奇心を抱き、その意味や操作の仕方に関心をもち、物事の法則性に気付き、自分なりに考えることができるようになる過程を大切にすること。また、他の子どもの考えなどに触れて新しい考えを生み出す喜びや楽しさを味わい、自分の考えをよりよいものにしようとする気持ちが育つようにすること。

②　幼児期において自然のもつ意味は大きく、自然の大きさ、美しさ、不思議さなどに直接触れる体験を通して、子どもの心が安らぎ、豊かな感情、好奇心、思考力、表現力の基礎が培われることを踏まえ、子どもが自然との関わりを深めることができるよう工夫すること。

③　身近な事象や動植物に対する感動を伝え合い、共感し合うことなどを通して自分から関わろうとする意欲を育てるとともに、様々な関わり方を通してそれらに対する親しみや畏敬の念、生命を大切にする気持ち、公共心、探究心などが養われるようにすること。

④　文化や伝統に親しむ際には、正月や節句など我が国の伝統的な行事、国歌、唱歌、わらべうたや我が国の伝統的な遊びに親しんだり、異なる文化に触れる活動に親しんだりすることを通じて、社会とのつながりの意識や国際理解の意識の芽生えなどが養われるようにすること。

⑤　数量や文字などに関しては、日常生活の中で子ども自身の必要感に基づく体験を大切にし、数量や文字などに関する興味や関心、感覚が養われるようにすること。

エ　言葉

経験したことや考えたことなどを自分なりの言葉で表現し、相手の話す言葉を聞こうとする意欲や態度を育て、言葉に対する感覚や言葉で表現する力を養う。

(ア)　ねらい

①　自分の気持ちを言葉で表現する楽しさを味わう。

②　人の言葉や話などをよく聞き、自分の経験したことや考えたことを話し、伝え合う喜びを味わう。

③　日常生活に必要な言葉が分かるようになるとともに、絵本や物語などに親しみ、言葉に対する感覚を豊かにし、保育士等や友達と心を通わせる。

(イ)　内容

①　保育士等や友達の言葉や話に興味や関心をもち、親しみをもって聞いたり、話したりする。

②　したり、見たり、聞いたり、感じたり、考えたりなどしたことを自分なりに言葉で表現する。

③　したいこと、してほしいことを言葉で表現したり、分からないことを尋ねたりする。

④　人の話を注意して聞き、相手に分かるように話す。

⑤　生活の中で必要な言葉が分かり、使う。

⑥　親しみをもって日常の挨拶をする。

⑦　生活の中で言葉の楽しさや美しさに気付く。

⑧　いろいろな体験を通じてイメージや言葉を豊かにする。

⑨　絵本や物語などに親しみ、興味をもって聞き、想像をする楽しさを味わう。

⑩　日常生活の中で、文字などで伝える楽しさを味わう。

(ウ)　内容の取扱い

上記の取扱いに当たっては、次の事項に留意する必要がある。

①　言葉は、身近な人に親しみをもって接し、自分の感情や意志などを伝え、それに相手が応答し、その言葉を聞くことを通して次第に獲得されていくものであることを考慮して、子どもが保育士等や他の子どもと関わることにより心を動かされるよう

な体験をし、言葉を交わす喜びを味わえるようにすること。

② 子どもが自分の思いを言葉で伝えるとともに、保育士等や他の子どもなどの話を興味をもって注意して聞くことを通して次第に話を理解するようになっていき、言葉による伝え合いができるようにすること。

③ 絵本や物語などで、その内容と自分の経験とを結び付けたり、想像を巡らせたりするなど、楽しみを十分に味わうことによって、次第に豊かなイメージをもち、言葉に対する感覚が養われるようにすること。

④ 子どもが生活の中で、言葉の響きやリズム、新しい言葉や表現などに触れ、これらを使う楽しさを味わえるようにすること。その際、絵本や物語に親しんだり、言葉遊びなどをしたりすることを通して、言葉が豊かになるようにすること。

⑤ 子どもが日常生活の中で、文字などを使いながら思ったことや考えたことを伝える喜びや楽しさを味わい、文字に対する興味や関心をもつようにすること。

オ 表現

感じたことや考えたことを自分なりに表現することを通して、豊かな感性や表現する力を養い、創造性を豊かにする。

(ア) ねらい

① いろいろなものの美しさなどに対する豊かな感性をもつ。

② 感じたことや考えたことを自分なりに表現して楽しむ。

③ 生活の中でイメージを豊かにし、様々な表現を楽しむ。

(イ) 内容

① 生活の中で様々な音、形、色、手触り、動きなどに気付いたり、感じたりするなどして楽しむ。

② 生活の中で美しいものや心を動かす出来事に触れ、イメージを豊かにする。

③ 様々な出来事の中で、感動したことを伝え合う楽しさを味わう。

④ 感じたこと、考えたことなどを音や動きなどで表現したり、自由にかいたり、つくったりなどする。

⑤ いろいろな素材に親しみ、工夫して遊ぶ。

⑥ 音楽に親しみ、歌を歌ったり、簡単なリズム楽器を使ったりなどする楽しさを味わう。

⑦ かいたり、つくったりすることを楽しみ、遊びに使ったり、飾ったりなどする。

⑧ 自分のイメージを動きや言葉などで表現したり、演じて遊んだりするなどの楽しさを味わう。

(ウ) 内容の取扱い

上記の取扱いに当たっては、次の事項に留意する必要がある。

① 豊かな感性は、身近な環境と十分に関わる中で美しいもの、優れたもの、心を動かす出来事などに出会い、そこから得た感動を他の子どもや保育士等と共有し、様々に表現することなどを通して養われるようにすること。その際、風の音や雨の音、身近にある草や花の形や色など自然の中にある音、形、色などに気付くようにすること。

② 子どもの自己表現は素朴な形で行われることが多いので、保育士等はそのような表現を受容し、子ども自身の表現しようとする意欲を受け止めて、子どもが生活の中で子どもらしい様々な表現を楽しむことができるようにすること。

③ 生活経験や発達に応じ、自ら様々な表現を楽しみ、表現する意欲を十分に発揮させることができるように、遊具や用具などを整えたり、様々な素材や表現の仕方に親しんだり、他の子どもの表現に触れられるよう配慮したりし、表現する過程を大切にして自己表現を楽しめるように工夫すること。

(3) 保育の実施に関わる配慮事項

ア 第1章の4の(2)に示す「幼児期の終わりまでに育ってほしい姿」が、ねらい及び内容に基づく活動全体を通して資質・能力が育まれている子どもの小学校就学時の具体的な姿であることを踏まえ、指導を行う際には適宜考慮すること。

イ 子どもの発達や成長の援助をねらいとした活動の時間については、意識的に保育の計画等において位置付けて、実施することが重要であること。なお、そのような活動の時間については、保護者の就労状況等に応じて子どもが保育所で過ごす時間がそれぞれ異なることに留意して設定すること。

ウ　特に必要な場合には、各領域に示すねらいの趣旨に基づいて、具体的な内容を工夫し、それを加えても差し支えないが、その場合には、それが第1章の1に示す保育所保育に関する基本原則を逸脱しないよう慎重に配慮する必要があること。

4　保育の実施に関して留意すべき事項

(1)　保育全般に関わる配慮事項

ア　子どもの心身の発達及び活動の実態などの個人差を踏まえるとともに、一人一人の子どもの気持ちを受け止め、援助すること。

イ　子どもの健康は、生理的・身体的な育ちとともに、自主性や社会性、豊かな感性の育ちとがあいまってもたらされることに留意すること。

ウ　子どもが自ら周囲に働きかけ、試行錯誤しつつ自分の力で行う活動を見守りながら、適切に援助すること。

エ　子どもの入所時の保育に当たっては、できるだけ個別的に対応し、子どもが安定感を得て、次第に保育所の生活になじんでいくようにするとともに、既に入所している子どもに不安や動揺を与えないようにすること。

オ　子どもの国籍や文化の違いを認め、互いに尊重する心を育てるようにすること。

カ　子どもの性差や個人差にも留意しつつ、性別などによる固定的な意識を植え付けることがないようにすること。

(2)　小学校との連携

ア　保育所においては、保育所保育が、小学校以降の生活や学習の基盤の育成につながることに配慮し、幼児期にふさわしい生活を通じて、創造的な思考や主体的な生活態度などの基礎を培うようにすること。

イ　保育所保育において育まれた資質・能力を踏まえ、小学校教育が円滑に行われるよう、小学校教師との意見交換や合同の研究の機会などを設け、第1章の4の(2)に示す「幼児期の終わりまでに育って欲しい姿」を共有するなど連携を図り、保育所保育と小学校教育との円滑な接続を図るよう努めること。

ウ　子どもに関する情報共有に関して、保育所に入所している子どもの就学に際し、市町村の支援の下に、子どもの育ちを支えるための資料が保育所から小学校へ送付されるようにすること。

(3)　家庭及び地域社会との連携

子どもの生活の連続性を踏まえ、家庭及び地域社会と連携して保育が展開されるよう配慮すること。その際、家庭や地域の機関及び団体の協力を得て、地域の自然、高齢者や異年齢の子ども等を含む人材、行事、施設等の地域の資源を積極的に活用し、豊かな生活体験をはじめ保育内容の充実が図られるよう配慮すること。

第3章　健康及び安全

保育所保育において、子どもの健康及び安全の確保は、子どもの生命の保持と健やかな生活の基本であり、一人一人の子どもの健康の保持及び増進並びに安全の確保とともに、保育所全体における健康及び安全の確保に努めることが重要となる。

また、子どもが、自らの体や健康に関心をもち、心身の機能を高めていくことが大切である。

このため、第1章及び第2章等の関連する事項に留意し、次に示す事項を踏まえ、保育を行うこととする。

1　子どもの健康支援

(1)　子どもの健康状態並びに発育及び発達状態の把握

ア　子どもの心身の状態に応じて保育するために、子どもの健康状態並びに発育及び発達状態について、定期的・継続的に、また、必要に応じて随時、把握すること。

イ　保護者からの情報とともに、登所時及び保育中を通じて子どもの状態を観察し、何らかの疾病が疑われる状態や傷害が認められた場合には、保護者に連絡するとともに、嘱託医と相談するなど適切な対応を図ること。看護師等が配置されている場合には、その専門性を生かした対応を図ること。

ウ　子どもの心身の状態等を観察し、不適切な養育の兆候が見られる場合には、市町村や関係機関と連携し、児童福祉法第25条に基づき、適切な対応を図ること。また、虐待が疑われる場合には、速やかに市町村又は児童相談所に通告し、適切な対応を図ること。

(2) 健康増進

ア 子どもの健康に関する保健計画を全体的な計画に基づいて作成し、全職員がそのねらいや内容を踏まえ、一人一人の子どもの健康の保持及び増進に努めていくこと。

イ 子どもの心身の健康状態や疾病等の把握のために、嘱託医等により定期的に健康診断を行い、その結果を記録し、保育に活用するとともに、保護者が子どもの状態を理解し、日常生活に活用できるようにすること。

(3) 疾病等への対応

ア 保育中に体調不良や傷害が発生した場合には、その子どもの状態等に応じて、保護者に連絡するとともに、適宜、嘱託医や子どものかかりつけ医等と相談し、適切な処置を行うこと。看護師等が配置されている場合には、その専門性を生かした対応を図ること。

イ 感染症やその他の疾病の発生予防に努め、その発生や疑いがある場合には、必要に応じて嘱託医、市町村、保健所等に連絡し、その指示に従うとともに、保護者や全職員に連絡し、予防等について協力を求めること。また、感染症に関する保育所の対応方法等について、あらかじめ関係機関の協力を得ておくこと。看護師等が配置されている場合には、その専門性を生かした対応を図ること。

ウ アレルギー疾患を有する子どもの保育については、保護者と連携し、医師の診断及び指示に基づき、適切な対応を行うこと。また、食物アレルギーに関して、関係機関と連携して、当該保育所の体制構築など、安全な環境の整備を行うこと。看護師や栄養士等が配置されている場合には、その専門性を生かした対応を図ること。

エ 子どもの疾病等の事態に備え、医務室等の環境を整え、救急用の薬品、材料等を適切な管理の下に常備し、全職員が対応できるようにしておくこと。

2 食育の推進

(1) 保育所の特性を生かした食育

ア 保育所における食育は、健康な生活の基本としての「食を営む力」の育成に向け、その基礎を培うことを目標とすること。

イ 子どもが生活と遊びの中で、意欲をもって食に関わる体験を積み重ね、食べることを楽しみ、食事を楽しみ合う子どもに成長していくことを期待するものであること。

ウ 乳幼児期にふさわしい食生活が展開され、適切な援助が行われるよう、食事の提供を含む食育計画を全体的な計画に基づいて作成し、その評価及び改善に努めること。栄養士が配置されている場合は、専門性を生かした対応を図ること。

(2) 食育の環境の整備等

ア 子どもが自らの感覚や体験を通して、自然の恵みとしての食材や食の循環・環境への意識、調理する人への感謝の気持ちが育つように、子どもと調理員等との関わりや、調理室など食に関わる保育環境に配慮すること。

イ 保護者や地域の多様な関係者との連携及び協働の下で、食に関する取組が進められること。また、市町村の支援の下に、地域の関係機関等との日常的な連携を図り、必要な協力が得られるよう努めること。

ウ 体調不良、食物アレルギー、障害のある子どもなど、一人一人の子どもの心身の状態等に応じ、嘱託医、かかりつけ医等の指示や協力の下に適切に対応すること。栄養士が配置されている場合は、専門性を生かした対応を図ること。

3 環境及び衛生管理並びに安全管理

(1) 環境及び衛生管理

ア 施設の温度、湿度、換気、採光、音などの環境を常に適切な状態に保持するとともに、施設内外の設備及び用具等の衛生管理に努めること。

イ 施設内外の適切な環境の維持に努めるとともに、子ども及び全職員が清潔を保つようにすること。また、職員は衛生知識の向上に努めること。

(2) 事故防止及び安全対策

ア 保育中の事故防止のために、子どもの心身の状態等を踏まえつつ、施設内外の安全点検に努め、安全対策のために全職員の共通理解や体制づくりを図るとともに、家庭や地域の関係機関の協力の下に安全指導を行うこと。

イ 事故防止の取組を行う際には、特に、睡眠中、プール活動・水遊び中、食事中等の場面では重大事故が発生しやすいことを踏まえ、子どもの主体的な活動を大切にしつつ、施設内外の環境の配慮や指導の工夫を行うなど、必要な対策を講じること。

ウ　保育中の事故の発生に備え、施設内外の危険箇所の点検や訓練を実施するとともに、外部からの不審者等の侵入防止のための措置や訓練など不測の事態に備えて必要な対応を行うこと。また、子どもの精神保健面における対応に留意すること。

4　災害への備え

(1)　施設・設備等の安全確保

ア　防火設備、避難経路等の安全性が確保されるよう、定期的にこれらの安全点検を行うこと。

イ　備品、遊具等の配置、保管を適切に行い、日頃から、安全環境の整備に努めること。

(2)　災害発生時の対応体制及び避難への備え

ア　火災や地震などの災害の発生に備え、緊急時の対応の具体的内容及び手順、職員の役割分担、避難訓練計画等に関するマニュアルを作成すること。

イ　定期的に避難訓練を実施するなど、必要な対応を図ること。

ウ　災害の発生時に、保護者等への連絡及び子どもの引渡しを円滑に行うため、日頃から保護者との密接な連携に努め、連絡体制や引渡し方法等について確認をしておくこと。

(3)　地域の関係機関等との連携

ア　市町村の支援の下に、地域の関係機関との日常的な連携を図り、必要な協力が得られるよう努めること。

イ　避難訓練については、地域の関係機関や保護者との連携の下に行うなど工夫すること。

第4章　子育て支援

保育所における保護者に対する子育て支援は、全ての子どもの健やかな育ちを実現することができるよう、第1章及び第2章等の関連する事項を踏まえ、子どもの育ちを家庭と連携して支援していくとともに、保護者及び地域が有する子育てを自ら実践する力の向上に資するよう、次の事項に留意するものとする。

1　保育所における子育て支援に関する基本的事項

(1)　保育所の特性を生かした子育て支援

ア　保護者に対する子育て支援を行う際には、各地域や家庭の実態等を踏まえるとともに、保護者の気持ちを受け止め、相互の信頼関係を基本に、保護者の自己決定を尊重すること。

イ　保育及び子育てに関する知識や技術など、保育士等の専門性や、子どもが常に存在する環境など、保育所の特性を生かし、保護者が子どもの成長に気付き子育ての喜びを感じられるように努めること。

(2)　子育て支援に関して留意すべき事項

ア　保護者に対する子育て支援における地域の関係機関等との連携及び協働を図り、保育所全体の体制構築に努めること。

イ　子どもの利益に反しない限りにおいて、保護者や子どものプライバシーを保護し、知り得た事柄の秘密を保持すること。

2　保育所を利用している保護者に対する子育て支援

(1)　保護者との相互理解

ア　日常の保育に関連した様々な機会を活用し子どもの日々の様子の伝達や収集、保育所保育の意図の説明などを通じて、保護者との相互理解を図るよう努めること。

イ　保育の活動に対する保護者の積極的な参加は、保護者の子育てを自ら実践する力の向上に寄与することから、これを促すこと。

(2)　保護者の状況に配慮した個別の支援

ア　保護者の就労と子育ての両立等を支援するため、保護者の多様化した保育の需要に応じ、病児保育事業など多様な事業を実施する場合には、保護者の状況に配慮するとともに、子どもの福祉が尊重されるよう努め、子どもの生活の連続性を考慮すること。

イ　子どもに障害や発達上の課題が見られる場合には、市町村や関係機関と連携及び協力を図りつつ、保護者に対する個別の支援を行うよう努めること。

ウ　外国籍家庭など、特別な配慮を必要とする家庭の場合には、状況等に応じて個別の支援を行うよう努めること。

(3)　不適切な養育等が疑われる家庭への支援

ア　保護者に育児不安等が見られる場合には、保護者の希望に応じて個別の支援を行うよう努めること。

イ　保護者に不適切な養育等が疑われる場合には、市町村や関係機関と連携し、要保護児童対策地域協議会で検討するなど適切な対応を図ること。また、虐待が疑われる場合には、速やかに市町村又は児童相談所に通告し、適切な対応を図ること。

3　地域の保護者等に対する子育て支援

(1)　地域に開かれた子育て支援

ア　保育所は、児童福祉法第48条の4の規定に基づき、その行う保育に支障がない限りにおいて、地域の実情や当該保育所の体制等を踏まえ、地域の保護者等に対して、保育所保育の専門性を生かした子育て支援を積極的に行うよう努めること。

イ　地域の子どもに対する一時預かり事業などの活動を行う際には、一人一人の子どもの心身の状態などを考慮するとともに、日常の保育との関連に配慮するなど、柔軟に活動を展開できるようにすること。

(2)　地域の関係機関等との連携

ア　市町村の支援を得て、地域の関係機関等との積極的な連携及び協働を図るとともに、子育て支援に関する地域の人材と積極的に連携を図るよう努めること。

イ　地域の要保護児童への対応など、地域の子どもを巡る諸課題に対し、要保護児童対策地域協議会など関係機関等と連携及び協力して取り組むよう努めること。

第5章　職員の資質向上

第1章から前章までに示された事項を踏まえ、保育所は、質の高い保育を展開するため、絶えず、一人一人の職員についての資質向上及び職員全体の専門性の向上を図るよう努めなければならない。

1　職員の資質向上に関する基本的事項

(1)　保育所職員に求められる専門性

子どもの最善の利益を考慮し、人権に配慮した保育を行うためには、職員一人一人の倫理観、人間性並びに保育所職員としての職務及び責任の理解と自覚が基盤となる。

各職員は、自己評価に基づく課題等を踏まえ、保育所内外の研修等を通じて、保育士・看護師・調理員・栄養士等、それぞれの職務内容に応じた専門性を高めるため、必要な知識及び技術の修得、維持及び向上に努めなければならない。

(2)　保育の質の向上に向けた組織的な取組

保育所においては、保育の内容等に関する自己評価等を通じて把握した、保育の質の向上に向けた課題に組織的に対応するため、保育内容の改善や保育士等の役割分担の見直し等に取り組むとともに、それぞれの職位や職務内容等に応じて、各職員が必要な知識及び技能を身につけられるよう努めなければならない。

2　施設長の責務

(1)　施設長の責務と専門性の向上

施設長は、保育所の役割や社会的責任を遂行するために、法令等を遵守し、保育所を取り巻く社会情勢等を踏まえ、施設長としての専門性等の向上に努め、当該保育所における保育の質及び職員の専門性向上のために必要な環境の確保に努めなければならない。

(2)　職員の研修機会の確保等

施設長は、保育所の全体的な計画や、各職員の研修の必要性等を踏まえて、体系的・計画的な研修機会を確保するとともに、職員の勤務体制の工夫等により、職員が計画的に研修等に参加し、その専門性の向上が図られるよう努めなければならない。

3　職員の研修等

(1)　職場における研修

職員が日々の保育実践を通じて、必要な知識及び技術の修得、維持及び向上を図るとともに、保育の課題等への共通理解や協働性を高め、保育所全体としての保育の質の向上を図っていくためには、日常的に職員同士が主体的に学び合う姿勢と環境が重要であり、職場内での研修の充実が図られなければならない。

(2)　外部研修の活用

各保育所における保育の課題への的確な対応や、保育士等の専門性の向上を図るためには、職場内での研修に加え、関係機関等による研修の活用が有効であることから、必要に応じて、こうした外部研修への参加機会が確保されるよう努めなければならない。

4　研修の実施体制等

(1)　体系的な研修計画の作成

保育所においては、当該保育所における保育の課題や各職員のキャリアパス等も見据えて、初任者から管理職員までの職位や職務内容等を踏まえた体系的な研修計画を作成しなければならない。

(2) 組織内での研修成果の活用

外部研修に参加する職員は、自らの専門性の向上を図るとともに、保育所における保育の課題を理解し、その解決を実践できる力を身に付けることが重要である。また、研修で得た知識及び技能を他の職員と共有することにより、保育所全体としての保育実践の質及び専門性の向上につなげていくことが求められる。

(3) 研修の実施に関する留意事項

施設長等は保育所全体としての保育実践の質及び専門性の向上のために、研修の受講は特定の職員に偏ることなく行われるよう、配慮する必要がある。また、研修を修了した職員については、その職務内容等において、当該研修の成果等が適切に勘案されることが望ましい。

● 編著者

横山洋子（よこやま ようこ）

千葉経済大学短期大学部こども学科教授。
富山大学大学院教育学研究科学校教育専攻修了。国立大学附属幼稚園、公立小学校勤務ののち現職。著書は『保育の悩みを解決！　子どもの心にとどく指導法ハンドブック』『CD-ROM付き　記入に役立つ！　5歳児の指導計画』（ナツメ社）、『根拠がわかる！　私の保育総点検』（中央法規出版）、『U-CANの思いが伝わる&気持ちがわかる！　保護者対応のコツ』（ユーキャン）など多数。

● 執筆協力

御園愛子（みその あいこ）　千葉県千葉市 みつわ台保育園 園長

カバーイラスト……おおたきょうこ
カバーデザイン……株式会社 フレーズ
本文デザイン………野村友美（mom design）
本文イラスト…………浅羽ピピ、坂本直子、野田節美
本文DTP・データ作成…有限会社 ゼスト
CD-ROM作成………株式会社 ライラック
編集協力………………株式会社 スリーシーズン
編集担当………………田丸智子（ナツメ出版企画株式会社）

ナツメ社Webサイト
https://www.natsume.co.jp
書籍の最新情報（正誤情報を含む）はナツメ社Webサイトをご覧ください。

CD-ROM付き　子どもの育ちを伝える
保育所児童保育要録の書き方&文例集 第2版

2019年1月1日　初版発行
2022年3月1日　第6刷発行

編著者　横山洋子　©Yokoyama Yoko, 2019
発行者　田村正隆
発行所　株式会社ナツメ社
東京都千代田区神田神保町1-52　ナツメ社ビル1F（〒101-0051）
電話　03（3291）1257（代表）　FAX　03（3291）5761
振替　00130-1-58661
制　作　ナツメ出版企画株式会社
東京都千代田区神田神保町1-52　ナツメ社ビル3F（〒101-0051）
電話　03（3295）3921（代表）
印刷所　図書印刷株式会社

ISBN978-4-8163-6568-3
Printed in Japan

本書に関するお問い合わせは、書名・発行日・該当ページを明記の上、下記のいずれかの方法にてお送りください。電話でのお問い合わせはお受けしておりません。
・ナツメ社webサイトの問い合わせフォーム
https://www.natsume.co.jp/contact
・FAX（03-3291-1305）
・郵送（上記、ナツメ出版企画株式会社宛て）
なお、回答までに日にちをいただく場合があります。正誤のお問い合わせ以外の書籍内容に関する解説・個別の相談は行っておりません。あらかじめご了承ください。